술술~ 풀리는 이야기

經濟학 樂서

Story Telling Economics

이호섭

Story Telling.
Economics

Economics
Story Telling.

도서출판
청람

머리말

19세기 경제학자인 알프레드 마샬(A. Marshall)은 "경제학이란 일상적인 삶의 비즈니스에서 인류에 관하여 연구하는 것이다"라고 하였다. 그렇다면 우리가 사는 21세기에도 왜 경제학에 관심을 가져야 하는지 세 가지 이유를 들 수 있다. 첫째, 경제학을 공부함으로써 개인이 살아가는 현상을 이해하는 데 도움을 받는다는 점이다. 둘째, 개인은 어떤 형태로든 경제활동에 참여하고 있기 때문에 경제학에 관심을 두어야 한다는 점이다. 마지막으로 경제정책을 보다 더 많이 이해하고 개인이 더욱 이득을 보기 위해서 경제학에 대한 이해가 필수적이라는 점이다.

더불어 이러한 이유들이 호소력을 가지려면 또 한 가지 중요한 사실을 인지해야 하는데, 그것이 바로 "미래가 불확실하다(the future is always uncertain)"라는 명제이다. 불확실한 환경에서 희소한 자원을 어떻게 효과적으로 선택할 것인지의 의사결정을 위해서 경제학은 무엇보다 중요하기 때문이다.

26년간 삼성에서 금융, 재무관련 업무를 담당하면서, 그 후 학교 강단에서 학생들을 가르치면서 사회초년생인 예비 직장인들이나 향후 직장인이 될 학생들에게 보다 이해하기 쉬운 경제학 책이 필요하다고 느꼈고, 경제학을 전공하지 않은 일반인들이 보다 쉽게 이해할 수 있는 책을 만들고자 하는 오랜 꿈이 있었다. 즉 경제학의 기본원칙들을 여러 상황 속에서 설명함으로써 학생들이 어려워하는 경제학을 쉬운 과목으로 인식하게 만들자고 한 것이 바로 이 책의 집필 목적이 되었다.

이론과 실무가 떨어져 있지 않듯, 경제학 원칙이나 경제학 이론이 세상과 거리를 두어서는 안 된다고 생각한다. 그래서 많은 관련 서적들을 탐독하고, 경제학 잡지나 신문 등의 경제소식도 등한시 하지 않았다. 경제현상에는 개인들의 호기심을 자극하는 내용도 많거니와 다양한 경제주체들이 시행착오를 통해 실패하거나 성공하는 사례도 많다. 그러한 사례들을 찾고 분석하는 과정이 이루어졌다.

시중금리 수준을 유지하는 제품가격정책에도 왜 인플레이션이 높아지며, 왜 어떤 경제상황에서는 실업이 줄어들고 구직활동이 심화되는지, 어떤 금융자산이 투자하기에 더 적절하고 위험을 줄일 수 있는지? 부동산 정책은 향후 어떻게 변화할 것이며, 미래 불확실성하에서 한국경제는 어떤 모습을 보일 것인지 예측하는 것 등등에 대한 답을 찾는 데 본 저서가 미약하나마 실질적 도움이 되었으면 한다.

맹자는 무항산무항심(無恒産無恒心), 즉 항산이 없으면 항심이 없다는 말로, 경제적으로 생활이 안정되지 않으면 바른 마음을 견지하기 어렵다고 했다. 이는 맹자가 백성의 실생활을 돌보는 것을 국가통치의 근본으로 삼았던 것을 알 수 있다. 워렌 버핏(W.E. Buffett)은 "100달러를 벌기보다 1달러를 아껴라"라고 말한다. 가난한 아빠는 돈을 벌라고 이야기하지만 부자 아빠는 돈을 잘 쓰라고 교훈한다. 이처럼 시대마다 당면한 경제현안의 문제를 예리하게 통찰하고 해명하는 현자들의 경제에 관한 지혜도 본서에서 다루고 있다.

본서는 총 6부로 되어 있다. 1부에서는 경제의 이해 및 기본개념을 통해 경제학 기초에 대해서 기술하였다. 2부에서는 시장을 이해하기 위해 시장경제의 기초와 가격과 시장에 관하여 살펴보았다. 3부에서는 소비자와 기업 그리고 정부 등 경제주체에 대하여 이해하고 4부에서는 국가경제의 이해를 통해 국민소득과 경제성장, 물가와 인플레이션 등의 주제를 기술하였다. 5부에서는 글로벌 경제 트렌드를 이해하기 위해 화폐, 금융, 금융기관, 금융상품, 국제수지와 환율 등의 경제현안에 대하여 기술하였다. 마지막 6부에서는 경제문제와 해결을 위해 다양한 경제이슈와 주제들을 논의하였다.

본서를 통해 보다 경제학을 쉽게 이해하여 경제의 안목을 넓히고 시장을 이해하는 능력을 향상시켜 경제현상과 문제를 이해하는 데 도움이 되었으면 하는 작은 소망이 이루어지기를 기대한다.

또한 저자와 함께 국민들의 행복한 인생살이를 위해 재무설계에 여념이 없는 삼성생명 목동법인(주)의 50여 명의 자랑스러운 컨설턴트들에게 감사의 마음을 전하고자 한다. 또한 지금은 고인이 되신 나의 아버님께 출간의 영광을 드리며, 책을 쓸 때마다 언제나 위로와 격려를 아끼지 않으신 세상에서 제일 존경하고 자랑스러운 나의 어머님 그리고 장인, 장모님, 사랑하는 아내, 아들, 딸, 사위, 손자와 함께 이 책 출간의 기쁨을 나누고 싶다. 마지막으로 이 책의 출간을 주관하여 주신 하나님께 모든 영광을 드리고자 한다.

2012년 5월

재무설계 연구실에서 저자 씀

차례

Part 1 | 경제학 기초

Part 2 | 시장의 이해

경제초점 차례

도표 차례

| PART | 1

경제학 기초

CHAPTER

01 경제의 이해

1. 경제학이란?
2. 경제학의 범위는 어디까지인가?
3. 경제적 사고를 갖자

1 경제학이란?

세상에서 가장 잘 사는 나라 미국을 비롯한 유럽과 일본경제에 깊은 경기침체와 실업으로 인한 문제들이 나타나고 있다. 반면에 중국, 브라질, 인도, 러시아와 같은 가난했던 나라들의 경제사정이 가파르게 나아지고 있고 각종 지표들도 좋아지고 있다. 지난 몇 년간의 경제현상은 이처럼 매우 요동치고 있다.

과거 전통방식의 비즈니스는 사라지고 새로운 비즈니스가 출현하고 있으며 그로 인해 신종직업이 발생하기도 한다. 국가든 기업이든 개인이든 간에 경제변화(economic change)에 적응해야만 살아가는 세상이 되어 가고 있는 것이다. 이러한 변화에 관한 적응의 문제는 한동안 계속될 것으로 보인다.

본래 인간의 삶은 개인 앞에 직면한 다양한 기회와 운명과 같은 수많은 도전에 의해 만들어지게 된다. 도전에 직면하게 됨에 따라

개인은 자연스럽게 경제활동이라는 힘을 행사하게 된다. 이처럼 경제활동을 하는 인간의 삶을 지배하는 가장 근본적인 사실이 있다. 즉 모든 인간은 자신이 가지고 있는 것보다 더 많은 것을 원한다는 사실이다. 이때 원하는 자원이 더욱 더 희소한 것(scarcity)이라면 그 자원을 더더욱 가지고 싶어 한다. 예를 들어 개인은 좀 더 최신화된 스마트폰이나 좀 더 속도가 빠른 인터넷서비스를 원한다. 그러나 제품은 개인이 지불가능한 가격이나 자신의 소득에 의해 차이가 나게 된다.

기업은 희소한 자원을 가지고 다양한 생산활동을 통해 영리를 추구하며 이윤을 발생시킨다. 개인은 정부가 거두어들이는 세금에 대한 납부의무를 다해야 한다. 정부는 국가방위나 환경보호 등 정부 자체의 공익기능을 통해 사회 혹은 시장이 제대로 작동하도록 감시하고 관리하면서 역할을 수행한다. 이런 것들에 대하여 가계(개인), 기업, 정부 등의 주체들이 벌이는 경제활동이 발생하게 되어 있다.

경제활동을 이야기할 때, 경제와 경제학에 대하여 구분하여 살펴

경제초점 1-1 | 화폐의 시간적 가치

화폐의 시간적 가치가 바로 이자(interest)이다. 이자는 돈을 타인에게 빌려주는 기간에 돈을 사용하여 얻을 수 있는 효용(utility)을 억제하는 데 대한 기회비용인 셈이다. 이러한 이유로 금융거래를 하고 그 대가로 이자를 받는 것이다.

볼 필요가 있다. 경제(economy)라는 뜻은 경세제민(經世濟民)을 줄인 말로서 "세상을 다스리고 백성을 구제한다" 혹은 "물질적으로 풍요롭게 하여 세상을 다스린다"는 정의를 갖는다. 그러한 경제를 다루는 학문을 경제학(economics)이라고 한다.

경제학은 사회과학으로서 개인, 기업, 정부 등의 경제주체들이 경제행위와 관련해서 어떠한 선택(choices)을 하며 그러한 선택이 희소한 자원의 배분과 사용에 미치는 영향을 연구하는 학문으로 정의된다.

경제초점 1-2 | 경제학과 경영학

일반인들은 경제학(economics)과 경영학(management, business)을 거의 같은 학문으로 혼동한다.

경제학이나 경영학 모두 기업에 관심을 가지고 있긴 하지만, 경제학은 경영학에 비해 경제사회에 있어서 기업이 담당하는 역할과 행동원리를 거시적(macro, 망원경)으로 바라보는 학문이다. 이에 비해 경영학은 생산경제 단위의 대상인 특정 기업의 경영활동에 대한 지침과 원칙을 미시적(micro, 현미경)으로 보는 학문이다.

따라서 두 학문 간에는 분명한 연구대상 및 영역에 있어 차이가 있는 것이다. 경제학에서의 기업경제 행위에 관해서는 경영학 도움이 필요하며, 기업이 활동하는 주 영역인 경제현상 및 경제동향을 이해하기 위하여 경영학은 경제학의 도움이 필요한 것이다.

또한 경제학은 미시경제학(micro economics)과 거시경제학(macro economics)으로 구분된다. 미시경제학은 일종의 나무, 거시경제는 숲으로 비유될 수 있다.[01] 미시경제학은 경제를 구성하는

01 본서 역시 미시경제학의 주제들로부터 시작하여 거시경제학에서 관심을 갖는 주제로 전개될 것이다.

개별주체들(가계, 기업, 정부 등)의 합리적인 의사결정, 즉 선택에 대해 관심을 갖는 반면, 거시경제학은 한 국가의 경제를 살펴보려고 한다. 거시경제학에서는 실물경제와 금융경제에 초점을 두고 재화나 서비스의 생산량 확대는 물론 경제성장, 분배의 문제, 금융시장에서의 금리와 주가 등에 주요 관심을 갖는 것이다. 이러한 경제는 재화(goods)와 서비스(service)를 생산 · 교환 · 분배하고 소비하는 행위이다. 그러므로 현실경제와 경제주체들의 경제원리를 이해하는 것이 필요하다.

인간들이 모여 사는 세상의 많은 부분은 경제와 밀접한 관계를 맺고 있다. 경제적 지식이 있어야 합리적인 의사결정도 가능하고 장기적으로는 개개인의 행복도 높아지게 된다.

경제초점 1-3 | 신자유주의 경제학과 자본주의 4.0

세계 금융위기로 경제학의 케인스(J.M. Keynes)와 프리드먼(M. Friedman)에 대한 엇갈린 조명이 있다.

정부의 역할축소와 자유시장 확대를 주창한 통화주의의 밀턴 프리드먼의 평가가 절하되고 있고, 과감한 재정정책을 주장한 케인스가 다시 주목받고 있다. 물론 불황에선 정부 개입을 늘려 위기를 극복해야 한다는 케인스이론이 위력을 얻는 것이지만, 위기가 지나면 재정적자에 따른 인플레이션이 악순환을 일으키지 않도록 하는 프리드먼의 통화정책이 맞는 부분이 있다.

19세기의 고전학파 경제학은 시장에 맡기면 모든 경제문제가 해결된다고 주장하였다. 그러나 1930년대 대공황이 생기면서 경기침체 때 정부개입이 필요하다는 정부역할이 강조되면서 케인스 주장이 힘을 받았다. 하지만 1970년대 오일쇼크가 발생하면서 정부가 개입을 해도 경제가 살아나지 않고 물가만 오르는 현상이 지속되자 시장의 역할을 강조하는 신고전학파 경제학이 대세가 되었다.

따라서 자본주의 1.0은 자유방임의 고전자본주의라 칭할 수 있고, 케인스의 주장이 인정을 받던 2.0은 정부주도의 수정자본주의 시대이다. 신자유주의자였던 프리드먼이 주창한 3.0은 시장주도 신자유주의이다. 현재 자본주의시대는 모두가 행복한 성장으로 가는 따듯한 자본주의 4.0시대라고 칭할 수 있겠다.

2 경제학의 범위는 어디까지인가?

경제학의 범위(scope)에 대한 물음에 답을 얻기 위해서 중요한 두 가지 사실을 알아야 한다. 경제학 범위의 한 가지 사실은 무엇을 얼마나 생산할 것인지, 어떠한 자원을 사용하여 어떻게 생산할 것인지, 그러한 재화와 서비스를 누구를 위하여 사용할 것인지에 대한 의사결정을 정하는 문제와 관련된다. 재화와 서비스는 인간의 욕구를 만족시켜야 한다는 목적을 갖는다. 최근에는 재화와 서비스가 만족을 시켜야 한다는 목적 이외 언제 생산할 것인지도 중요한 범위[02]가 되어 가고 있다.

재화와 서비스의 생산은 각 나라마다, 각 시대마다 다양한 모습을 보인다. 미국, 중국 두 나라의 농업, 제조업 그리고 서비스업의 생산

02 언제 생산할 것인가(when to produce)와 관련하여 한 번 사용하고 나면 재생이 불가능한 부존자원(exhaustible resources)의 시간적 배분에 관한 중요성이 증대되고 있다.

도표 1-1 || 미국과 중국의 생산비교

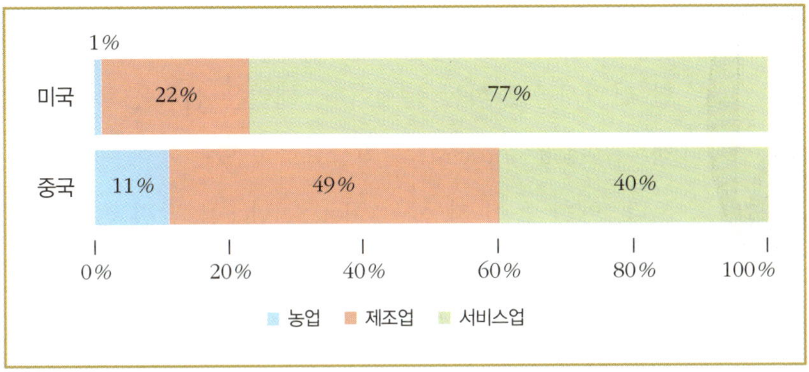

비율을 비교하여 경제학 범위에 대하여 고찰해보자.

최근 자료에 의하면, 미국 총생산의 1% 정도가 농업이며, 제조업은 22%, 그리고 가장 많은 부분을 차지하는 소매, 도매업, 의료, 교육 등 서비스업 생산이 77%에 달한다. 반면 중국은 총생산의 11%가 농업이며, 서비스업은 40%, 제조업이 49%를 차지하고 있다. 이와 같이 국가마다 서로 다른 생산유형을 결정짓는 것은 무엇인가? 바로 생산요소 차이에 있다.

재화와 서비스는 생산요소, 즉 토지, 노동, 자본 그리고 기업가정신(entrepreneurship) 등의 네 가지 요소에 의해 생산되어진다. 재화와 서비스는 경제활동을 하는 사람들을 위한 것이다. 토지는 임대료(rent)와 교환되고, 노동은 임금(wage)과, 자본은 이자(interest), 기업가정신은 수익(profit)을 벌어들인다. 생산요소 중 가장 중요한 것은 노동력이다. 그래서 임금과 복리후생이 70%, 토지와 자본, 그리고 기업가정신이 30%를 차지한다는 주장이 가능해진다.

경제학의 범위에 관한 또 다른 사실은 경제활동을 통한 이득을 개인의 이득을 위하거나 사회의 공익을 위해 사용할 것인지를 정하는 문제이다. 개인은 선택을 통해 개인적 이득(self-interest)을 최상으로 만드는 것에 관심을 갖는다. 예를 들어 자동차 Valet Service를 맡긴 손님은 자신의 시간을 여유롭게 쓰기 위한 개인적인 이득을 목적으로 하며, 그 차를 대리로 주차해 주는 기사는 손님이 주는 대가를 받기를 희망한다. 이처럼 개인은 다른 사람의 이득을 위해 행동하기보다는 자신만의 이익을 추구하도록 되어 있다.

하지만 사회 전체로 볼 때 사회적 이득(social-interest)도 무시할 수 없다. 사회적 이득은 두 가지로 볼 수 있는데, 효율과 평등(equity) 혹은 공정성(fairness)이다. 사회를 위한 최상의 선택은 효율이며, 자원의 사용은 공정해야 한다는 사고이다.

경제학에서는 생산된 재화와 서비스가 낮은 비용으로 최대의 가치를 보이는 것을 효율(efficiency)이라고 한다. 공정성이란 분배나 절차의 공정함을 말한다. 그러므로 경제현상에서는 경제활동을 하는 각자가 자신의 이득을 늘리면서 어떻게 하면 사회적 이득이나 공익도 함께 높여 나갈 것인지에 관심을 갖는다.

그러므로 사회적 이득을 달성하기 위해 자유시장(free market)에서의 거래가 가능한지, 정부가 어떤 조치를 해야 하는지, 세계적인 사회적 이득을 달성하기 위해 국제협력이나 조치가 왜 필요한지 등에 관심을 갖는 것이다. 이렇듯 사회적 이득과 관련된 범위로는 세계화, 지식정보화 경제(information-age economy), 기후변화

(climate change), 그리고 경기불황(economic instability) 등을 들 수 있다.

경제초점 1-4 | 대 안정기(The Great Moderation)

1993년부터 2007년까지 전 세계적으로 경제적인 안정기를 일컬어 '대 안정기(great moderation)'라 부른다. 이 기간 동안 글로벌 금리는 지속적으로 하락하고 변동성도 낮았고, 유동성도 풍부한 황금기였다. 1970년대 이후 글로벌 금리가 지속적으로 하락하면서 경기진폭 감소에 따른 구조적인 변화들이 있었던 시기이다.

도표 1-2 || 인플레이션과 산출물 변동

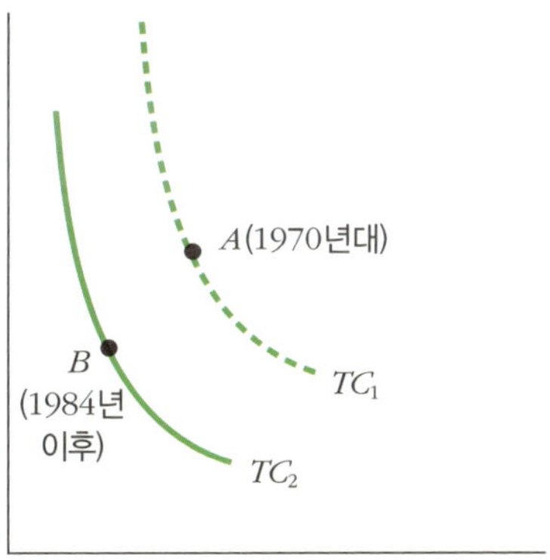

자료 : Ben S. Bernanke(2004)

3 경제적 사고를 갖자

경제적 사고(economic way of thinking)란? 어떤 경제행위를 선택할 때 편익(benefit)과 비용(cost)을 합리적으로 따져 보는 것이라 할 수 있다. 한계편익이 한계비용보다 크다면, 그 행위를 해야 옳은 것이고, 어떤 행위의 한계비용이 한계편익보다 크다면, 그 행위를 선택하지 않는 것이 좋다는 뜻이다. 이런 생각에는 대체적으로 다음과 같은 여섯 가지 경제적 생각이 숨겨져 있다.

첫째, 하나의 선택은 다른 선택을 하지 못하도록 한다는 사고이다. 그래서 경제학에서 선택은 트레이드오프(trade-off)라는 말로 쓰인다. 이 말은 한편을 선택하면 다른 편이 소홀해진다는 의미인데, 경제용어로서는 물가와 고용의 상관관계를 말할 때 종종 사용된다. 즉 경제가 완전고용의 상태에 근접하면 물가가 필연적으로 상승하고 반대로 물가상승이 줄어들면 이에 수반해서 실업이 증대한다는 이율배반 관계를 가리킨다. 이러한 물가와 고용의 상관관계를 나타내는 곡선은 창시자인 필립스 교수의 이름을 따서 필립스곡선이라고 불린다.

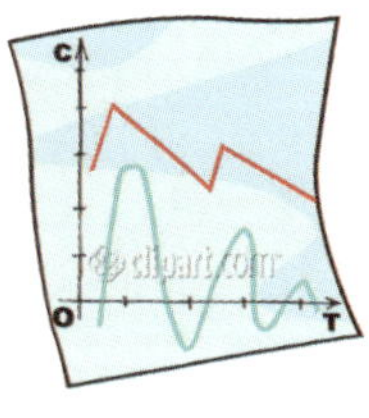

둘째, 사람들은 편익과 비용을 비교함으로써 합리적인 선택(rational choices)을 하려고 한다는 사고이다. 인간은 살아가면서 하고 싶은 것과 가지고 싶은 것을 선택해야 하는 문제에 항상 부딪히게 되어 있다. 하지만 시간과 자원이 한정되어 있기 때문에 어떤 것이 중요하고 바람직한가를 잘 따져서 선택해야 한다. 합리적 선택을 위해서는 최소비용의 원칙과 최대효과의 원칙도 고려해야 한다.

도표 1-3 || 필립스곡선

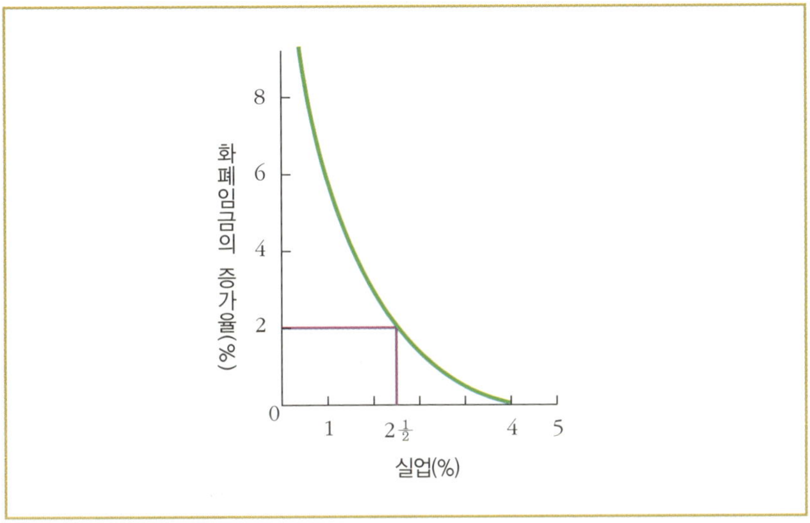

자료 : A.W. Phillips(1958)

최소비용의 원칙은 개인이 얻고자 하거나 얻을 수 있는 효과 또는 이익이 이미 주어져 있다고 한다면, 그 효과나 이익을 얻기 위하여 개인이 지불해야 하는 대가 또는 비용은 최소가 되어야 한다는 원칙이다. 이에 반해 최대효과의 원칙은 개인이 지불할 수 있는 대가 또는 비용이 정해져 있는 경우, 그 대가 또는 비용으로 최대의 효과 또는 이익을 얻을 수 있어야 한다는 것을 말한다. 경제학은 이러한 합리적 선택을 따르는 경제인(economic man)[03]을 가정하며, 이러한 경제인은 자기의 이익에 철저한 이기적인 인간이 된다는 점을 분명이 한다.

셋째, 경제활동에서 개인이 얻고자 하는 것, 그것이 바로 편익이며, 이를 경제학에서는 효용(utility)이란 말과 동일하게 사용한다.

03 경제인을 homoeconomicus라고도 함.

이는 재화와 서비스의 사용으로부터 얻을 수 있는 주관적인 만족을 측정하는 단위가 된다. 욕구가 충족되면 만족을 하게 되는데 재화와 서비스를 소비함으로써 얻는 편익, 즉 효용을 극대화하려는 사고를 갖는다.

경제초점 1-5 | 합리적 선택

노후를 편안하게 보내기 위해 결정하는 연금저축이라는 것도 경제 입장에서 보면 선택이다. 또한 현재 소비를 포기하고 연금으로 방향을 바꾸는 것도 현재소비를 포기하고 미래 노후생활을 준비하는 선택행위로 볼 수 있다.[04] 그러므로 경제학을 배우는 목적 또한 합리적 선택을 최선으로 유도하기 위한 것이라 할 수 있다.

넷째, "경제활동에서 무엇을 얻음으로써 반드시 포기되어지는 것이 있다"는 사고이다. 여러 가능성 중 하나를 선택했을 때 그 선택으로 인해 포기해야 하는 가치로써 희생된 비용을 기회비용(opportunity cost)이라 한다. 경제학에서 말하는 비용은 항상 기회비용을 말한다. 기회비용의 관점에서 비용은 그것을 위해 단념해야 하는 다른 경제활동의 양이 되며, 기회비용은 대치비용(代置費用) 또는 이전비용(移轉費用)이라고도 불린다.

다섯째, 경제적 사고에는 한계(margin)의 선택문제가 존재한다. 한계라는 것은 추가적인 선택에 따른 한계편익(marginal benefit)이 한계비용(marginal cost)보다 크다면 선택을 하고, 한계비용보다 한

04 이 점에 대해서는 재태크(財 Technology)에서 다시 논의해보자.

계편익이 작으면 선택을 포기한다는 원칙이다.

여섯째, 인센티브(incentive)에 대하여 반응한다는 사고이다. 인센티브는 어떤 행동을 하도록 사람을 부추기는 자극, 동기부여 수단이 된다. 종업원의 근로의욕을 높이기 위해서는 인센티브 보상을 해준다거나 소비자들의 구매의욕을 높이기 위해서 상품 구매의 인센티브로서 각종 사은품을 주는 것을 예로 들 수 있다.

경제초점 1-6 | 경제학의 10가지 원칙

경제학에서 개인의 의사결정과 관련된 4가지 원칙이 있다.
1원칙 : 개인은 교환상황(trade-offs)에 직면한다.
2원칙 : 비용은 어떤 것을 얻으려고 포기되어지는 것이다.
3원칙 : 합리적인 개인은 한계(margin)를 고려한다.
4원칙 : 개인은 보상(incentive)에 반응한다.

개인이 어떻게 다른 사람과 상호작용하는지 3가지 원칙이 있다.
5원칙 : 교환과정에서 모든 사람을 만족시킬 수는 없다.
6원칙 : 시장은 언제나 경제활동을 바람직한 방향으로 이끈다.
7원칙 : 정부가 가끔은 시장의 결과를 향상시키는 역할을 한다.

전체로서의 경제활동이 갖는 3가지 원칙이 있다.
8원칙 : 한 국가의 삶의 표준은 그 국가가 생산하는 재화와 서비스의 능력에 달려 있다.
9원칙 : 가격상승은 정부가 너무 많은 화폐를 발행하기 때문이라고 본다.
10원칙 : 어느 사회든 경기침체와 실업문제를 해결할 때 단기적인 처방을 사용한다는 점이다.

자료 : N. Gregory Mankiw(2010), *Principles of Economics*, 6th edition, South-western.

경제초점 1-7 | 통계수치로 볼 때 평균값의 현실왜곡 가능성

항목별 편차가 큰 경제 통계를 볼 때 평균값은 현실 왜곡가능성이 커서 의미가 없을 경우가 종종 있다.

우리 국민은 1인당 국민소득 2만 달러(2,300만 원) 정도를 어떻게 느끼는가?

한마디로 느껴지지 않는다.

4인 가족을 기준으로 세대당 9,200만 원의 소득이 되는데 우리 국민의 대부분은 절대 느낄 수가 없다. 이것이 바로 평균의 함정이다. 평균은 전체의 흐름을 보여 주는 데 유용하나 복잡한 현상을 일반화함에 따라 왜곡시키는 경우가 많다는 것을 알 수 있다. 따라서 항목별 격차가 클 때는 평균이 아닌 중앙값을 사용해야 현실파악이 용이하다. 중앙값은 개별수치를 순서대로 늘어 놓았을 때 한가운데 값을 말한다.

계층 간의 격차가 커지면 평균과 중앙값의 차이가 커진다. 요즘처럼 소득의 양극화가 클 때, 즉 소득격차가 클 때 평균소득은 올라가나 소득의 중앙값은 올라가지 않기 때문에 평균의 의미는 현실을 반영하지 못하는 맹점이 있다.

CHAPTER 02

경제의 기본개념

1 생산가능곡선과 기회비용

재화와 서비스의 생산량은 이용가능한 자원이나 기술에 의해 제한을 받게 되어 있다. 하나의 특정 재화에 대한 생산량이 증가한다는 것은 다른 재화의 생산량이 감소한다는 것을 의미한다. 이것이 경제활동에서 직면하는 바로 트레이드오프(trade-off) 상황이다. 따라서 생산가능곡선(PPF : Production Possibilities Frontier)에 관하여 이해할 필요가 있다. 생산가능곡선이란 자원과 기술이 주어졌을 때, 총체적인 자원을 효율적으로 사용하여 생산이 가능한 두 생산물의 다양한 조합을 나타내 주는 곡선이다.

다음 [도표 2-1]은 생산가능곡선이다. X축은 햄버거생산량, Y축은 콜라생산량이라고 하자. 무수한 재화를 생산할 수 있지만 햄버거와 콜라만 있다고 가정하자.[01] 생산가능곡선 외부의 어떤 점도 만족을 얻을 수 없는 상황이 되기 때문에 생산가능곡선상이나 내부의 점이 생산이 가능한 상황이 된다. [도표 2-1]에서 햄버거 4개와 콜라 5개를 생산한다고 했을 때, *E*점은 생산사능곡선상에 있게 된다.

이와 같은 방법을 되풀이 하면 *ABCDEF*의 생산가능곡선을 얻는다. *A*점은 햄버거는 생산하지 않고 콜라만 생산할 수 있다는 것을 보여준다. *OA*보다 적게 생산할 수도 있지만 이는 최대효과의 원칙에 어긋나므로 비효율적이다. *OA*만큼 한 재화를 생산할 경우 다른 재화의 생산은 물론 0이 된다.

도표 2-1 || 생산가능곡선

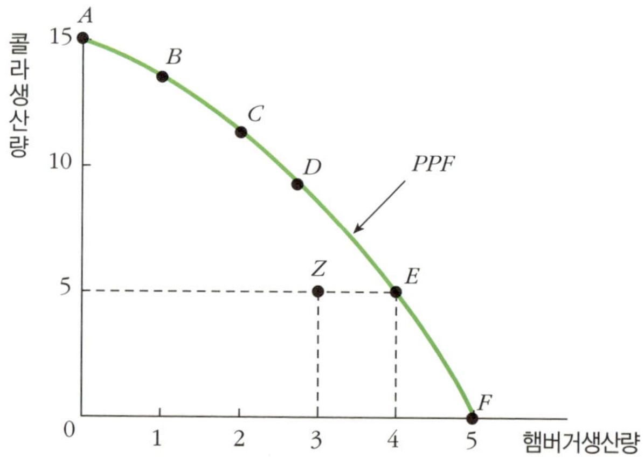

가능	햄버거	콜라
A	0	15
B	1	14
C	2	12
D	3	9
E	4	5
F	5	0

---

01 사실 이러한 가정은 비현실적인 것처럼 보이지만, 가정하에서 도출된 결론이 그 가정을 제거하더라도 현실적인 상황에서 유효하기 때문이다.

그러므로 생산가능곡선은 자원의 효율적 생산을 설명한다. Z점은 주어진 자원과 기술수준으로 달성할 수는 있지만 자원을 일부 사용하지 않거나 최상의 기술을 사용하지 않은 비효율적인 점이다. 생산가능곡선상의 점들이 주어진 자원과 기술수준으로 달성가능한 효율적인 점들이 된다. 또한 C점에서 D점으로 선택을 바꿀 경우 햄버거는 1개 더 얻게 되지만 콜라는 3개 잃게 된다. 반대로 D점에서 C점으로 바꿀 경우, 햄버거는 1개 잃게 되지만 콜라는 3개 얻게 되므로, 콜라 1개의 비용은 햄버거의 1/3이 된다. 어떤 활동의 비용이 사용되므로 포기되어지는 차선의 대안선택이 바로 기회비용인 것이다.

자원의 희소성으로 인해 경제상황에서는 끊임없는 선택이 요구되어진다. 선택이란 하나를 택하고 나머지는 포기함을 의미한다. 모든 선택에는 항상 무언가를 포기하는 것이 생기는 것이다. 공부를 하려면 노는 것을 포기해야 한다. 국가경제에서도 마찬가지이다. 실업률을 낮춘다는 것을 선택하여 성장지향이라는 기조를 결정하고 나면 인플레이션을 잡는 것은 포기되어진다. 그래서 선택과 집중이란 말도 생겨났다. 물가를 잡으려 긴축재정을 하게 되면 생산이 둔화되어 실업이 늘어나게 된다. 두 마리 토끼를 잡아야 하나, 어느 한 마리를 추격하다보면 다른 것은 배제되는 것이다. 따라서 경제상황에서의 어떤 결정이나 선택은 신중해야 한다.

경제초점 2-1 | 희소한 자원과 선택

인도의 아그라에는 세계적으로 아름다운 건축물이며 사랑하는 왕비를 위하여 세운 이슬람교 묘인 타지마할이 있다. 다 지은 후 타지마할 같은 건축물이 다시는 만들어질 수 없게 하기 위해 타지마할을 만든 건축가들의 손가락을 잘랐다. 바로 희소성(scarcity) 때문이었다. 희소성이란 인간의 욕구를 채울 수 있는 자원이 풍부하지 못함을 말한다. 환경도 풍부한 환경이면 불확실성이 줄어든다. 그래서 자원의 희소성은 경제상황에서 매우 중요한 개념이 된다.

사람들의 욕망은 무한한 데 비하여 생산에 이용되는 노동력, 토지, 자본 등 재화와 서비스는 유한하기 때문에 이러한 자원을 어떻게 배분할 것인가도 중요한 경제문제가 되는 것이다. 배분의 최적화 문제와 함께 자원의 의미도 시대에 따라 변한다. 예를 들어 과거에 맑은 공기는 공짜로 이용할 수 있는 자유재(free goods)였지만, 지금은 무한하다고 생각했던 산소조차도 대가나 노력을 지불해야만 얻을 수 있는 유형의 경제재(economic goods)가 되어가고 있다.

그러므로 한 가지를 가지면 다른 하나를 잃는 것 중 가장 아쉬운 포기가 바로 기회비용(opportunity cost)인데, 이러한 기회비용은 결국 희소성을 중심으로 생겨났다고 봐야 한다.

생산가능곡선을 통해 경제성장(economic growth)을 설명할 수도 있다. 생산가능곡선이 우측 상향 방향으로 확대가 되면(B에서 B′ 방향) 이는 경제성장을 의미한다. 경제성장이란 기회비용을 회피하거나 희소성을 극복할 수는 없지만 삶의 표준이 향상되는 것이다. 경제가 성장하게 되면 생산량의 증가가 더 빨라지게 되고 그로 인해 경제성장의 기회비용은 더 커지게 되어 있다.

도표 2-2 || 경제성장

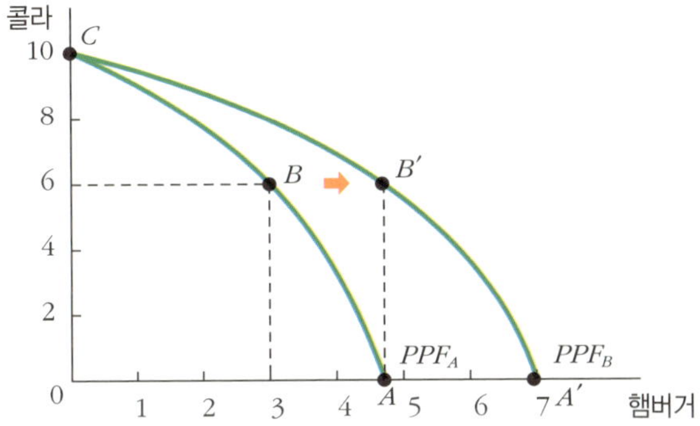

경제초점 2-2 | 세상에 공짜 점심은 없다

세상에 공짜 점심이 있을까? 경제학에서는 "없다!"라고 단호히 얘기한다. 나에게 점심을 사주는 사람은 분명 어떤 목적이 있고, 대가를 바라고 있을 수도 있다. 점심을 사주는 사람은 자신이 할 수 있는 다른 시간을 포기하고 자신의 목적을 달성하기 위해 상대에게 후한 공짜 점심을 사주는 것이다. 그 가치는 공짜가 아니다. 진짜 공짜 점심은 없다. 이득을 보려면 비용을 지불해야 한다는 점을 생각하게 하는 대목이다.

2 수요와 공급

수요(demand)와 공급(supply)이란 말은 경쟁적인 시장(competitive markets)에서 개인이 타인과 상호작용하는 사람들의 행동(behavior)이라 할 수 있다. 어떻게 수요자와 공급자가 행동하는지를 논의하기에 앞서 시장과 경쟁이란 무엇인지 살펴볼 필요가 있다.

시장이란 단순하게 말하면, 특정한 재화와 서비스의 수요자(buyers)와 공급자(sellers)의 집단이라 할 수 있다. 수요자는 제품에 대한 수요를 결정하고 공급자는 제품의 공급을 결정한다.

이처럼 시장은 언제나 상호 이해관계가 대립되는 2개의 힘이 작용한다. 이러한 과정에서 시장에서는 충돌과 경쟁이 계속되며 서로의 실제적 이익을 충족하기 위한 노력이 이루어진다. 그러므로 시장에서는 조화나 협력보다는 경쟁이나 이해의 상충이 반복적으로 발생된다.

일반인들이 시장이라고 하면 가격의 흥정이나 상품의 거래가 이루어지는 유형의 시장을 떠올린다. 그러나 경제학에서의 시장은 장소개념에 추가하여 팔고 싶은 사람과 사고 싶은 사람이 가격을 통해서 교환(exchange)이 이루어지는 활동이란 개념도 포함한다. 예를 들어 부동산 매매와 임대차는 부동산 가격과 임대료라는 가격이 결정되기 때문에 부동산 시장이라 하는 것이다. 또한 자금을 빌려주거나 빌릴 때에 금리라는 가격을 통해 자금의 거래가 이루어지는 곳이 바로 금융시장이다.

이렇듯 각각의 시장에서 "이 가격이라면 사고 싶다", "이 가격이라면 팔고 싶다"라는 양이 일치될 경우, 이를 시장은 균형을 이룬다고 이야기한다. 따라서 매도주문이나 매수주문 중 어느 한쪽의 양이 많을 경우 시장이 불균형한 상태가 되는 것이다. 따라서 가격변화는 수요와 공급의 일치, 즉 균형을 찾을 때까지 끊임없이 이어지는 것이다.

최근 방송가에는 경쟁이 화두다. '나는 가수다'를 비롯하여 '불후의 명곡', '기적의 오디션' 등 방송3사는 경쟁을 통한 재미를 시청자에게 제공하고 있다. 시장에서 움직이는 경제주체들 역시 자율적으로 시장에서 다양한 경쟁을 벌인다. 가격경쟁, 할인경쟁, A/S경쟁, 원가절감경쟁 등이다. 개인이 보다 좋은 회사로 취업하기 위해서도 경쟁은 필수이다. 이는 대학입시부터 회사취업까지, 그리고 취업 후 활동에까지, 다시 말해 죽을 때까지 경쟁 속에 살다가 죽는다고 할 수 있다.

경쟁은 수요와 공급에 의해 가격을 정해주고 이러한 가격은 자원을 효과적으로 배분해주기도 하는 것이다. 그런데 시장에서 완전한 경쟁이 존재하는가? 완전경쟁시장은 이론에만 있을 뿐 시장에서는 실제로 존재하지 않는다. 현실적으로 존재하는 시장이란 경쟁의 정도에 따라 경쟁시장(competitive market)과 독과점시장(monopoly market)으로 구분된다.

경쟁시장에는 공급자가 다수, 독과점시장에는 독점의 경우는 1개의 공급자, 과점시장에는 적어도 2개 정도의 공급자가 존재하는 시장이다. 주식시장은 경쟁시장이며, 우리나라의 KT&G는 독점시장, 그리고 정유시장처럼 몇 개의 대기업이 제품생산을 주도하는 시장이 과점시장인 것이다. 이러한 시장이 형성되려면 진입장벽이 얼마나 높은지, 철수장벽이 얼마나 높은지, 경쟁자는 얼마나 있는지, 대체품이 존재하는지, 그리고 마지막으로 그 산업이 매우 성장하고 발전하는 매력적인 시장인지 하는 점이 중요한 구성요소가 된다. 경쟁시장이 아닌 독과점시장은 정부가 규제를 통해 서로 가격을 담합하거나 하는 불공정 행위를 감시하게 된다.

경제현상을 이해하는 희소성, 선택에 따른 기회비용, 이득과 비용을 한계적으로 생각하면서 효용을 극대화하려는 쪽으로 행동한다는 경제학의 기본개념을 공부하였다. 이와 더불어 수요(demand)와 공급(supply)은 거의 모든 경제현상을 이해하는 필수개념이 된다.

모든 재화의 가격은 수요와 공급에 의해 결정된다. 이는 시장경제의 가장 근본적인 원리이다. 수많은 수요자와 공급자가 시장에서 부딪치면서 균형을 찾아간다. 어떤 재화에 대한 수요량은 가격이 하락하면 수요가 증가하고 가격이 상승하면 수요가 감소한다. 이것이 수요법칙이다. 반대로 공급량은 가격이 하락하면 공급이 감소하고 가격이 상승하면 공급이 증가한다. 이것이 공급법칙이다.

소비자가 감귤보다 오렌지를 더 좋아해서 오렌지의 수요가 증가하면 오렌지의 가격이 상승하게 된다. 생산자는 감귤보다 오렌지를 더 많이 생산하게 되어 오렌지의 공급량이 늘어난다. 이처럼 소비자의 기호가 감귤에서 오렌지로 바뀌고, 오렌지의 가격이 변화하면 소비자가 원하는 오렌지를 생산하는 데 자원이 배분된다.

하지만 오렌지 가격의 움직임에 따라 문제가 되는 것은 시간이다. 시간이란 반응이 빠르게 나타날 수도 있지만 오랜 시간에 걸쳐 조정을 받을 수 있다는 점을 의미한다. 예를 또 들어보면, 청년실업자가 많으면 노동력의 공급이 수요보다 많기 때문에 청년임금이 내려가

도표 2-3 || 수요곡선

오렌지 가격	한 달간 오렌지 수요량(개)		
	갑의 수요량(A)	을의 수요량(B)	시장 수요량(A) + (B)
0	12	7	19
500	10	6	16
1,000	8	5	13
1,500	6	4	10
2,000	4	3	7
2,500	2	2	4
3,000	0	1	1

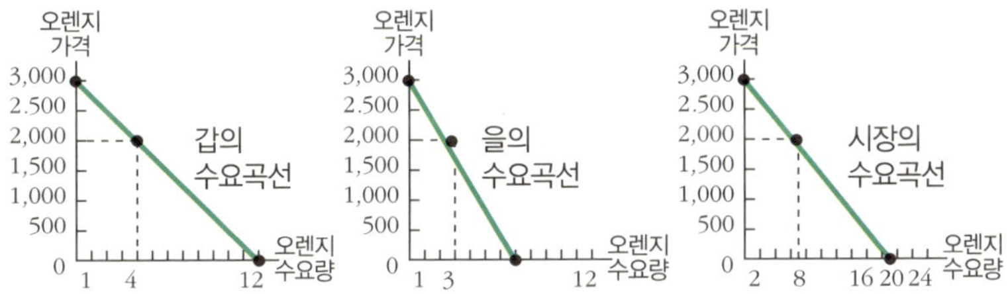

도표 2-4 || 공급곡선

오렌지 가격	한 달간 오렌지 공급량(개)		
	갑의 공급량(A)	을의 공급량(B)	시장 공급량(A) + (B)
0	0	0	0
500	0	0	0
1,000	1	0	1
1,500	2	2	4
2,000	3	4	7
2,500	4	6	10
3,000	5	8	13

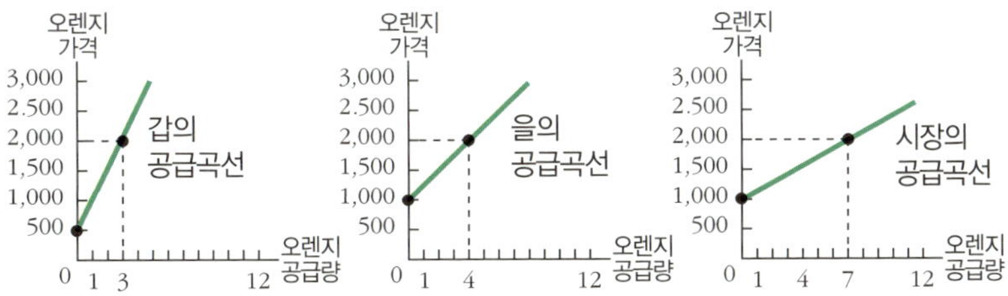

고, 머지않아 고용이 늘어날 수도 있다. 하지만 청년실업자가 과거에 받는 임금 이상의 직장을 찾기 때문에 월급이 적은 직장이 나오더라도 취업의사결정을 내리기까지 상당한 시간이 필요하게 된다.

경제초점 2-3 | 거미집이론

콘-호그사이클(corn-hog cycle)은 옥수수와 돼지를 비유하여, 시장균형의 안정조건을 해명하려는 최초의 이론이다. 이는 상이한 시점에서 농산물가격과 그 산출량 간에 일어나는 순환변동을 설명한다. 즉 가격이 순전히 수요와 공급의 관계에 의하여 결정된다면, 수요가 증가하여 가격이 오르면 공급도 증가하여 가격을 원래의 수준으로 낮추는 작용을 하고, 결국 가격은 일정한 정상 수준을 유지하게 될 것이다.

그러나 실제로는 가격의 상승이 공급량의 증가를 가져올 때까지는 얼마간의 시간이 경과되어야 한다. 특히 농산물이나 축산물의 공급을 증가시키기까지에는 1년이나 2년의 장기간을 필요로 하는데, 이 공급의 지연이 독특한 가격파동을 발생시키는 것이다. 이러한 현상은 농산물의 수급의 가격탄력성이 작기 때문에 일어나는 특수현상이다.

이러한 현상을 시장의 가격이라는 메커니즘 이외 시간과 관련하여 '거미집이론(cobweb theorem)'으로 설명한다. 즉 가격은 빠르게 변하지만 생산량이 바뀌는데 시간이 걸린다는 가정을 하고 있다. 오렌지 생산이 농가에 이득이 될 것이어서 감귤을 베어버린다면 내년에는 감귤가격이 오늘 가능성이 있고, 다시 내후년에는 감귤나무를 심는 농가가 늘어나는데, 이러한 일이 반복되면, 아무리 시간이 지나도 바람직한 상태에 도달하지 못할 수도 있다는 점이다.

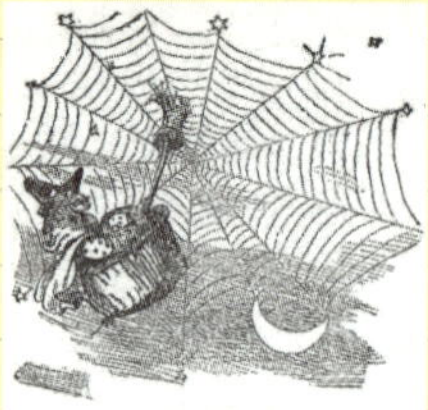

3 한계와 효용

경제학에 한계효용이라는 개념이 있다. 이는 한계와 효용이라는 두 요소로 구성되어 있다. 한계(marginal)라는 것은 마지막 한 단위를 의미하며 이는 평균이나 총계와 구분되는 개념이다. 한계개념은 무언가 체감하거나 체증하는 경우에만 의미를 갖는다. 그러므로 한계효용이 체감하는 상황에서 효용은 극대화된다고 할 수 있다.

효용(utility)은 인간의 주관을 형성하는 감정이나 느낌으로 노동이나 생산이 동적인 활동인 점에 비해 효용은 정적인 상태를 의미한다. 예를 들어 보자. 입장료만 내면 마음껏 먹을 수 있는 회전 초밥집에서 처음 선택한 첫 번째 접시는 매우 큰 만족, 즉 효용(100)을 준다. 두 번째 접시에서 효용이 약간 감소하고, 점차 접시가 늘어날수록 효용(80)이 현저히 감소(50)하다가 효용이 제로가 되는 순간 접시를 선택하지 않게 될 것이다. 이처럼 효용 100, 80, 50 등을 선택한 접시의 한계효용이라 하고, 이것이 점차 감소하는 것을 "한계효용이 체감한다"라고 말한다. 효용이 제로인 점을 지나면 그때부터 한계효용은 마이너스(−)가 된다.

결국 한계라는 것은 접시의 선택이 점차 증가하였을 때에 마지막으로 선택한 접시 1개가 어떠한 영향을 미치는가이다. 즉, 어떤 재화의 소비량이 1개 더 늘어났을 때 늘어나는 효용의 양을 말한다. 그러므로 인간은 희소한 자원을 가지고 경제활동을 하면서 자신이 얻는 이득과 자신이 그 이득을 위해 지불하는 비용과를 비교하여 의사결정을 한다는 것을 알 수 있다. 이미 초밥집의 입장료는 지불되었지만 추가로 더 먹더라도 더 많은 행복을 느끼기보다는 추가로 먹음에 따른 불쾌감을 비교해 보는 것이라 할 수 있다.[02] 그러므로 효용을 최대한 크게 하면서 자신의 이득을 높이려고 행동하는 것이다.

경제초점 2-4 | 한계효용체감의 법칙

다른 상품의 소비량이 일정한 상태에서 한 상품의 소비량이 증가할수록 그 상품의 한계효용이 감소하는 것을 한계효용체감의 법칙이라고 한다. 소비량이 증가함에 따라 총효용이 증가하더라도 점진적으로 조금씩 증가한다는 것을 의미한다. 이러한 점에서 시장가격은 시장공급과 시장수요의 상호작용에 의해 결정된다. 여기서 시장공급을 결정하는 것은 생산비이고 시장수요를 결정하는 것은 한계효용이다.

02 이러한 의미에서 경제학자 밀(J.S. Mill)은 "배부른 돼지보다 배고픈 소크라테스가 더 낫다"라는 유명한 말을 통해 행복은 타인과의 비교를 통해서 이루어짐을 간파하고 있었다.

| PART | 2

시장의 이해

CHAPTER

03 시장경제의 기초

1. 시장의 균형과 보이지 않는 손
2. 무역을 통한 이득
3. 시장경제의 주체

1 시장의 균형과 보이지 않는 손

지금까지 수요와 공급에 대하여 각각 살펴보았다. 다른 조건이 일정할 때 특정 재화의 수요량은 그 재화의 가격과 반대방향으로 변하고, 공급량은 가격과 같은 방향으로 변한다. 그렇다면 이러한 수요와 공급이 시장에서 어떻게 작용하여 가격을 결정하는지를 살펴보자.

어떤 가격수준에서 수요자들의 수요량보다 공급자들의 공급량이 많아서 재화가 남아도는 현상을 초과공급이라고 한다. 어떤 가격수준에서 수요량이 공급량보다 많아서 재화가 부족해지는 현상을 초과수요라고 한다. 이러한 공급량과 수요량이 초과되지 않고 일치하는 가격수준에서는 수요자는 만족할 만한 수량을 살 수 있고 공급자도 팔고 싶어 하는 수량을 모두 팔 수 있다. 즉, 시장수요량과 시장공급량이 일치하는 가격수준을 시장균형가격(market equilibrium price)이라 한다.

도표 3-1 || 시장균형

오렌지 가격	한 달간의 오렌지(개)		
	수요량(A)	공급량(B)	수요부족(−) 공급과잉(+)
500	22	0	−22
1,000	15	6	−9
1,500	10	10	0
2,000	7	13	+6
2,500	5	15	+10

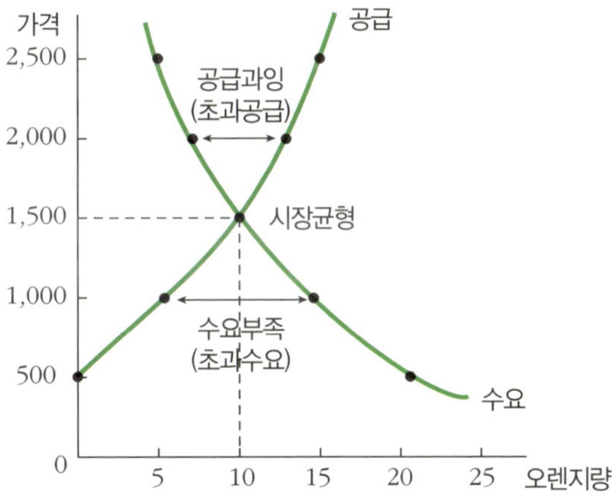

공급의 변화가 없이 수요만 변하는 경우 균형가격과 거래량은 같은 방향으로 변화하고, 수요의 변화 없이 공급만 변화할 때는 균형가격과 서로 반대방향으로 변화하게 된다. 이는 [도표 3-2]에서 보는 바와 같이 수요와 공급의 4법칙이라 한다.

단골집인 푸줏간 주인의 자비심 때문에 우리가 그 집을 되찾는 것은 아니다. 그는 다른 손님에 비해 그 단골이 무언가 이득이 되었기에 돈을 받고 물건을 선뜻 내어 준 것이다. 경제활동에 참여하는 사

도표 3-2 ‖ 수요와 공급의 4법칙

수요증가	가격상승 거래량증가	가격하락 거래량증가	공급증가
수요감소	가격하락 거래량감소	가격상승 거래량감소	공급감소
	공급일정	수요일정	

람들은 이처럼 자신에게 유리한 목적을 추구하고 있다. 개인의 이기심보다는 가격을 통한 시장메커니즘 그것이 바로 아담 스미스가 말하는 보이지 않는 손(invisible hand)이다. 정부가 주도하는 '보이는 손'이 아닌 시장이 스스로 선택한 '보이지 않는 손'이 더 우월하다.

시장은 보이지 않는 손에 의해서 움직인다고 한다. 여기서 말하는 보이지 않는 손은 바로 가격(price)이다. 시장경제체제에서 살아가는 사람들은 모두가 일의 대가로 돈을 받고, 받은 돈에서 세금을 내고, 남은 돈으로 생활한다.

사람들은 당연하게 일의 대가를 많이 주는 일을 하고 싶어 한다. 하고 싶은 일거리가 적어지면 경쟁이 그만큼 커지게 되어 있다. 시장에서의 경쟁은 사겠다는 수요가 많아지면 가격이 올라가고, 팔려는 공급이 많아지면 가격이 내려가는 구조를 갖는다. 이때 팔고 사겠다는 양이 균형을 이루는 점에서 가격이 정해진다. 만일 생산비용도 커버하지 못할 정도로 가격이 하락하면 그 상품을 만들던 회사도 문을 닫아야 하고 일자리도 없어지게 된다. 하지만 신상품이 출시되

어 초과수요가 상품의 가격을 올리게 되면, 새 일자리도 생겨나게 된다. 이렇듯 가격은 시장경제에서 보이지 않는 거대한 손이 되어서 시장을 좌지우지하는 커다란 권력이 된다.

그런데 아담 스미스는 이러한 보이지 않는 손을 분업(division of labor)과 연결하여 설명하고 있다. 시장경쟁이 가격에 의하여 분업을 주도한다는 것이다.

경제초점 3-1 | 분업과 시장의 가격

분업이란 현대의 노동방식 중에서 가장 효율적인 생산방식이라고 볼 수 있다. 초기 옷핀공장의 노동자들은 협업을 통해 옷핀의 전 공정을 담당하였다. 하지만 개인 각자가 분업되어 맡은 일에만 몰두하여 몇몇 사람은 옷핀의 머리 부분만 만들고, 어떤 이들은 철사를 구부리고, 어떤 사람은 머리와 구부린 철사를 연결하는 일들을 나누어 담당하였다. 물론 일을 나누었다고 모든 일이 척척 해결되는 것은 아니었다.

끝을 뾰족하게 만드는 사람이 철사를 구부리는 사람보다 생산성이 낮거나 게으름을 피우면 전체 공정이 순조롭게 진행되지 못한다. 이때 과업에 대한 지시와 명령, 그리고 일의 코디네이터가 필요한 것이다. 그들은 공장장, 혹은 리더라고 불린다. 옷핀공장들이 모여서 사회 전체가 필요로 하는 다양한 상품들이 탄생하고 유통되며, 각각의 공장이 생산물을 결정하여 생산이 이루어진다. 그런데도 시장에 가면 필수품은 물론이요, 귀중품까지 얼마든지 구입할 수 있다. 어떻게 이렇게 잘 돌아가는가? 바로 그 분업을 주도하는 것은 시장의 가격인 것이다.

2 무역을 통한 이득

경제활동에 참여하는 사람들은 다른 사람이 소비할 모든 재화와 서비스를 생산하려고 하거나 한 가지의 특정 재화 또는 소수의 재화를 생산하여 다른 사람이 생산한 재화와 거래 혹은 무역(trade)을 통해 목적을 달성하려고 한다. 이처럼 한 가지의 특정 재화나 서비스에 생산을 집중하는 것을 특화(specialization)라 부른다. 이러한 재화와 서비스에 대한 전문화로부터의 이득을 얻기 위해서는 다른 전문화된 재화와 서비스와의 차별화된 비교우위(comparative advantage)가 있어야 가능하다.

특정한 경제활동에 있어 비교우위를 가진 한 사람이 다른 사람보다 어떤 재화와 서비스를 상대적으로 적은 기회비용으로 생산할 수 있을 때 그 사람은 그 재화와 서비스 생산에 있어 비교우위가 있다고 말한다. 하지만 한 사람이 어떤 재화와 서비스 한 단위를 생산하는데 다른 사람의 것보다 적은 양의 생산요소를 사용할 때, 그 사람은 다른 사람에 비해 그 재화와 서비스 생산에 절대우위(absolute advantage)를 가진다고 한다. 이는 국가 간에도 동일하게 적용된다. 다음의 갑, 을 국가의 예를 통해 확인해 보자.

갑은 햄버거와 샐러드를 생산하고 있다. 각 생산품을 생산하는 데 2분이 소요되고 한 시간에 만들어내는 생산량은 30개라고 하자.

도표 3-3 ‖ 갑의 생산가능성

생산품목	1개 생산소요(분)	시간당 생산량
햄버거	2	30
샐러드	2	30

을의 생산가능성은 다음과 같다.

도표 3-4 ‖ 을의 생산가능성

생산품목	1개 생산소요(분)	시간당 생산량
햄버거	10	6
샐러드	2	30

갑의 패스트푸드점에서는 햄버거 한 단위를 생산하는 데 노동 2분이 소요되고 30개를 생산할 수 있으나, 반면 을의 패스트푸드점은 햄버거 한 단위를 생산하는데 10분이 소요되어 갑이 더 적은 노동투입량으로 더 많은 생산을 할 수 있으므로 갑의 생산성이 높다고 할 수 있다.

그렇다면 갑이 햄버거와 샐러드 중 햄버거에서 비교우위를 가지고 있는 상황에서 두 사람이 거래 혹은 무역을 통해 두 사람 모두 이익을 볼 수 있을까? 두 사람의 기회비용을 비교해 보면 다음과 같다.

도표 3-5 ‖ 갑, 을의 기회비용 비교

구분	상품단위당 기회비용	
	햄버거(포기된 샐러드)	샐러드(포기된 햄버거)
갑	1	1
을	5	1/5

다음 상황을 통해 비교우위가 가능한지 살펴보자.

도표 3-6 || 갑을의 무역을 통한 이익

무역 이전	갑	을
햄버거	15	3
샐러드	15	15
특화	**갑**	**을**
햄버거	30	0
샐러드	0	30
무역	갑	을
햄버거	10개 판매	10개 구입
샐러드	15개 구입	15개 판매
무역 이후	**갑**	**을**
햄버거	20	10
샐러드	15	15
무역을 통한 이익	**갑**	**을**
햄버거	+5	+7
샐러드	0	0

그러므로 무역 이전과 비교하여 무역 이후 두 사람이 상대적으로 낮은 기회비용을 가진 상품에 특화함으로써 두 사람의 총생산량이 증가하게 되고, 이 증가된 생산으로 인한 이득을 무역을 통해 두 사람 모두 누릴 수 있는 것이다. 즉 두 사람의 기회비용이 같지 않으면 무역을 통해 두 사람의 기회비용보다 낮은 가격으로 상품들을 구입함으로써 서로에게 이득이 되는 것이다. 이는 국제무역은 비교우위가 있는 일에 특화할 수 있도록 함으로써 무역에 참여하는 국가 모두에게 이득을 가져다 줄 수 있다는 점을 보여준다.

경제초점 3-2 | 교환의 이득

소비자는 어떤 재화를 구매할 때 언제나 자신이 지불한 금액 이상의 만족을 얻으려 한다. 그 만족을 화폐단위로 표시하고 여기에서 지불한 금액을 빼면 바로 그 교환으로부터 얻는 소비자의 이득이 계산된다. 이를 소비자가 교환에서 얻는 잉여(surplus)라는 뜻에서 소비자 잉여라고 한다.

하지만 제품의 거래에서도 소비자들만 이득을 얻는 것은 아니다. 생산자도 이득을 얻는데, 이를 생산자잉여라고 한다. 이는 물건을 팔고 얻은 수입이 그것에 대해 최소한 받아야겠다고 생각하는 금액을 초과하는 부분을 말한다.

소비자잉여와 생산자잉여를 합친 것을 사회적 잉여라 부르는데, 이는 특정한 제약 없이 자유로이 소비자와 생산자가 제품을 교환할 때 사회적 잉여가 증대되게 된다.

3 시장경제의 주체

시장경제의 주체는 누구인가? 이를 경제주체라고 하는데, 여기에는 생산을 담당한 기업, 소비를 하는 가계, 그리고 민간이 공급하기 어려운 공공재 및 세금을 담당하는 정부이다. 최근에 국내 경제주체 이외 해외부문을 별도의 주체로 따로 구분하기도 한다. 따라서 기업, 가계, 정부 그리고 해외라고 하는 주체가 있다. 이들은 각 영역에서 각자의 목표를 가지고 경제활동을 하면서 역할을 분담하고 있다.

기업은 여러 가지 생산요소를 적절하게 활용하여 재화 서비스를 생산하고 영리를 추구하며 계속기업으로 생존하려고 한다. 가계는 노동력 제공 등을 통해 얻는 소득을 통해 소비하고 소비 이외의 것은 저축하면서, 개인의 효용을 극대화하려는 방향으로 움직이게 된다. 정부는 공공재를 생산하고 민간기업이 수행하기 어려운 각종 규제나 제도를 제정하고 운영하면서 사회후생을 극대화하는 목적을 달성하려고 한다. 이를 정리하면 다음과 같다.

도표 3-7 ‖ 경제주체별 목적

국내	해외	
	민간	공공
기업-이윤극대화	기업 가계	정부
가계-효용극대화		
정부-후생극대화		

해외부문의 경우 한국과 경제적 관계를 맺고 있는 외국의 기업, 가계, 정부가 경제주체가 된다. 이는 제품의 수출과 수입뿐 아니라 내국인의 해외관광과 외국인의 국내관광 등 한 국가의 기업, 가계 및 정부의 경제활동이면서 다른 국가의 경제활동이 된다. 이에 대해서는 뒷부분에서 다시 살펴볼 것이다.

경제초점 3-3 | 현명한 소비

소비자는 왕이란 말이 있다. 경제적인 측면에서 소비자(consumers)는 경제의 주인공이다. 물론 정부나 기업도 소비자가 되기도 한다. 소비자인 가계 혹은 국민은 자신이 노력하여 번 돈으로 정부에 세금을 내고, 기업이 만든 재화나 서비스를 구입하여 소비할 뿐 아니라 투자자로서 기업에 자본금을 제공하면서 살아간다. 그러므로 소비자는 정부나 기업과 이해가 상반되는 입장에 서기도 한다. 소비자는 자신이 지켜야 할 의무를 성실하게 수행하면서 소비자의 권리와 의무를 가진다. 따라서 경제활동의 주체인 소비자의 과시적이거나 즉흥적이지 않으면서 과다하지 않은 현명한 소비가 경제의 미덕이 된다고 볼 수 있다. 그래서 "소비가 미덕이다"라는 말이 나온 것이다.

CHAPTER

04 가격과 시장

1. 탄력성
2. 완전경쟁시장
3. 독과점시장

1 탄력성

앞에서 수요와 공급이 변하면서 가격과 거래량이 변동되는 것에 대하여 살펴보았다. 이번 장에서는 탄력성(elasticity)이란 개념에 대하여 살펴보기로 하자.

탄력성이란 물리학에서 빌려온 개념으로서 본래 어떤 변수 X, Y가 서로 일정함 함수관계를 가지고 변할 때 그중 어느 하나의 변수의 변화가 다른 변수의 변화에 어느 정도의 영향을 주는지의 정도를 말하며, 그러한 크기를 탄력성계수라 한다. 독립변수 X가 1% 변할 때 종속변수 Y가 몇 % 변하는가를 나타낸다. 수요탄력성에는 수요의 가격탄력성(price elasticity of demand), 공급탄력성에는 공급의 가격탄력성(price elasticity of supply)이 많이 사용된다. 여기에서는 수요의 가격탄력성만 살펴본다.

수요의 가격탄력성은 한 상품의 가격이 변화할 때, 그 상품의 수

경제초점 4-1 | 상대적으로 저렴한 물 값

상수도, 하수도, 해수담수화시설, 재이용수, 생수 등 물에 대한 수요가 늘어나면서 물 산업도 폭발적으로 늘어나고 있다. 그런데 앞으로 50년 후 물이 석유나 다이아몬드보다 비싸지는 것은 아닐까?

과거에는 흔했던 공짜 같았던 물이 경제학과 비즈니스의 대상이 되어가고 있다. 물이 부족해지는 세상이 온다면 어떻게 될까? 지구상에 존재하는 물 총량 중 담수는 2.5%에 불과하며 빙하 등을 제외하고 현실적으로 쉽게 이용할 수 있는 양은 0.01%에 지나지 않는다고 한다.

만일 수돗물을 생수 가격으로 올린다면 물을 마음껏 소비하는 사람들은 극소수 부자밖에 없을 수도 있다. 물을 지금의 가격처럼 저렴하게 사용하지 못할 경우, 즉 물이 부족해질 경우를 대비해서 물을 아끼는 소비습관이 필요하다. 분명한 것은 앞으로 물 값은 더더욱 오를 것이며, 그렇게 쉽게 소비할 수 없는 재화가 된다는 것은 분명해 보인다.

요량이 얼마나 변화하는가를 측정하는 척도이다. A상품에 대한 수요의 가격탄력성이 1.5라면 이는 A상품의 가격이 1% 상승할 때마다 수요량이 1.5%씩 감소한다는 것을 뜻한다. 따라서 A상품의 가격이 2% 하락하면 A상품의 수요량은 3% 증가한다. 그러므로 한 상품에 대한 수요량의 변화율이 가격의 변화율보다 커서 수요의 탄력성이 1보다 크게 되면 수요가 탄력적이라고 말하는 것이다.

이러한 수요의 가격탄력성은 0과 무한대(∞) 사이의 값을 갖는다. 한 상품에 대한 수요량의 변화율과 가격의 변화율이 같다면 수요의 탄력도는 1이 되는 것을 단위탄력성(unit elastic supply)이라 한다. 가격이 변해도 수요량에 아무런 변화가 없다면 분자인 수요량의 변화율이 0이 되기 때문에 수요의 탄력성이 0이 되는 경우를 완전비탄력성(perfectly inelastic supply)이라 하고 거의 0에 가까운 변화가 아주 큰 수요량의 변화를 초래한다면 수요의 가격탄력도는 무한히 큰 값을 갖게 되는데 이를 완전탄력성(perfectly elastic supply)이라 한다. 이에 대하여 그림으로 표현하면 [도표 4-1]과 같다.

도표 4-1 ‖ 완전탄력성과 완전비탄력성 비교

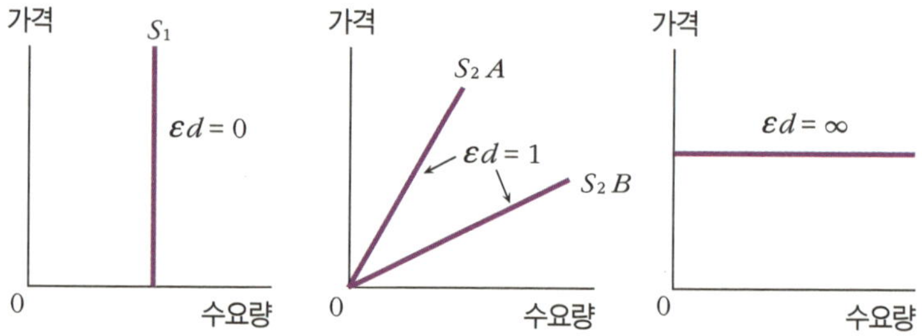

(a) 완전비탄력성 (b) 단위탄력성 (c) 완전탄력성

단, εd =수요의 탄력성

경제초점 4-2 | 사치세의 부담

요트와 같은 사치품들은 부자들만이 구매가 가능한 제품이다. 이런 제품에 사치세를 부과한 적이 있었다. 요트시장을 보면 요트에 대한 수요는 매우 탄력적이다. 돈 많은 사람들은 요트를 사는 대신 그 돈으로 부동산에 투자하여 자손에게 상속하려고 하기 때문이다. 반면에 요트의 공급은 매우 비탄력적이다. 요트 공장을 다른 재화의 공장으로 번환하기가 쉽지 않기 때문이다. 수요가 탄력적이고 공급이 비탄력적인 상황에서는 조세의 귀착, 즉 세금부담은 공급자에게 돌아갈 공산이 크다. 부자도 아닌 중산층인 요트 판매업자가 부자들이 내야 할 사치세를 내는 꼴이 되고 만 것이다.

2 완전경쟁시장

완전경쟁시장(perfectly competition market)이 성립하기 위해서는 다음과 같은 조건들이 모두 만족하여야 한다. 우선, 완전경쟁시장에서는 다수의 생산자와 수요자가 존재해야 한다. 개별 생산자나 수요자는 시장의 매우 작은 부분을 구성하고 있어서 이들의 의사결정이 시장지배력(market power), 즉 가격에 영향을 미치지 않는다고 본다.

또한 완전경쟁시장에서 거래되는 재화는 동질적(homogeneity of product)이어서 완전대체가 가능해야 한다. 재화의 동질성은 기술적 특성뿐만 아니라 판매방식, 서비스와 관련된 모든 조건이 같다는 의미이며 이는 판매촉진과 같은 비가격경쟁이 나타나지 않는다. 그래서 소비자는 누구에게서 구입하느냐에 관해서는 관심을 두지 않는다. 그리고 산업에 대한 진입과 철수의 자유가 보장되어야 한다.

특정 산업에서 이윤을 추구할 수 있는 기업은 언제든지 그 산업으로 진입할 수 있어야 하며, 특정 산업에서 손해를 보고 있는 경우에는 언제든지 원한다면 자유로이 철수할 수 있어야 한다. 또한 모든 생산자원이 제한없이 자유롭게 이용될 수 있어야 한다. 원료나 생산요소는 한 기업에 의하여 독점적으로 소유되지 않으며 노동조합도 존재하지 않는 것을 가정한다.

정부는 기업에 대한 조세나 보조금을 지원하거나 생산량 혹은 수요와 공급을 통제하는 등의 간섭도 불필요하다. 시장에 참여하고 있는 개별 공급자와 수요자는 현재조건과 미래조건에 관한 완전한 정보를 보유하고 있으며 이에 대한 정보를 대가 없이 얻을 수 있어야 한다.

경제초점 4-3 | 완전경쟁기업의 총수입곡선

완전경쟁시장에서 개별기업이 직면하는 수요곡선의 가격탄력성은 무한대로 크게 된다. 따라서 개별기업의 입장에서 본 수요곡선은 수평선이며 수요곡선이 수평이기 때문에 완전경쟁기업이 평균수입과 한계수입도 주어진 가격과 일치하여 수평적인 직선이다. 완전경쟁시장의 개별기업은 가격수용자이기 때문에 시장가격은 개별기업의 생산량과 관계없이 일정하게 고정되어 있다. 기업의 총수입은 생산량의 증가에 비례하여 증가하므로 다음과 같이 우상향하는 직선이 된다.

도표 4-2 || 완전경쟁기업의 총수입곡선

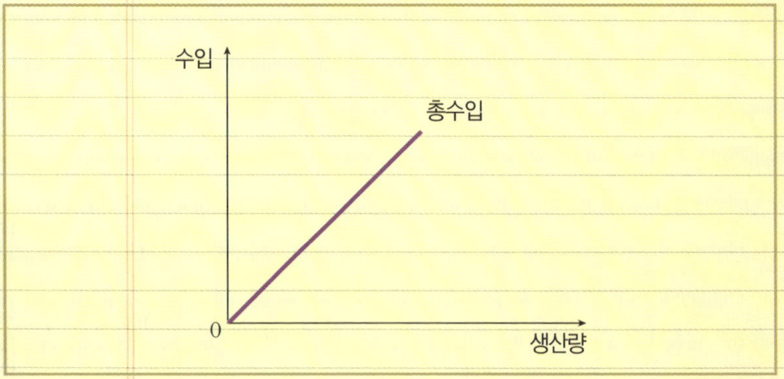

완전경쟁시장에서는 시장가격이 개별기업의 생산량과 관계없이 일정하므로 총수입을 생산량으로 나눈 값이 평균수입과 총수입의 증가분을 생산량 증가분으로 나눈 값인 한계수입이 같게 된다. 따라서 완정경쟁시장에서 개별기업의 수요곡선은 시장가격=평균수입=한계수입과 같은 관계가 성립된다.

3 독과점시장

우리가 사는 주변을 보면 독점시장의 특징과 경쟁시장의 특징을 동시에 가지고 있는 경우가 많다. 극장의 경우를 보면 똑같은 상품을 판매하고 있지만 품질과 서비스가 동일하지 않다는 점에서 독점의 특징도 가지고 있으며 시장진입이 자유롭다는 점에서 보면 경쟁시장의 특징도 가지고 있다. 이러한 것을 독점적 경쟁시장이라 하는데, 이는 과점시장과 같은 독점과 완전경쟁시장의 중간적인 형태라 할 수 있다. 그렇다면 독과점시장은 어떻게 탄생하는 것인가?

완전경쟁시장이 사회적으로 바람직한 시장인 데도 불구하고 독과점이 존재하는 이유가 있다. 시장에 독과점기업들이 존재한다는 것은 그들이 다른 기업들의 시장진입을 막고 있다는 증거이다. 이윤추구가 기대되는 데도 그 시장에 진입하지 못하고 있으니 자연스럽게 독점시장이 구축되고 유지되게 된다.

도표 4-3 ‖ 시장별 비교

구분	완전경쟁시장	과점시장	독점시장
진입장벽	없음	높음	매우 높음
가격통제력	없음	있음	매우 있음

독점이 생성되고 유지되는 진입장벽은 다음과 같은 원인이 있다. 우선, 생산량이 증가됨으로써 생산에 들어가는 비용이 감소하는 규모의 경제를 들 수 있다. 규모의 경제를 통해 하나의 기업이 시장수

요량을 모두 생산함으로써 여러 기업이 나누어 생산하는 것보다 비용을 절감하는 것이다. 또한 정부가 시장에 개입하여 특정 기업에게 특허권, 판매권, 인·허가 등의 특혜를 주기 때문이다. 이는 정부 역시 특정한 사업에 대하여 독점을 누리기도 하는데 과거 담배, 홍삼, 소금 등을 전매하는 것이 그러한 예이다. 과점 혹은 독점시장이 되면 충분한 이윤을 어느 정도 보장받는 것이어서 시장을 혼란하게 만들고 공정한 거래를 해치는 것이라 할 수 있다.

일반적으로 독과점기업의 이윤을 극대화시키는 공급량은 완전경쟁시장의 공급량보다 적으며 가격은 완전경쟁시장에서보다 높게 형성된다. 이는 곧 소비자의 부담으로 돌아가며 사회 전체의 후생은 그만큼 줄어들게 되는 모순을 낳는다.

독과점이 발생하는 원인은 여러 가지이지만 세 가지 정도로 정리하면, 첫째 특정 기업이 생산에 절대적으로 필요한 원재료의 공급을 독점적으로 소유하고 있을 때 시장의 독점적 지위를 누리게 된다. 둘째, 특정 산업에 규모의 경제가 중요하게 작용하는 특성이 있을 때 독점이 형성되기도 한다. 마지막으로 한 산업 내의 기업들이 동일한 제품이나 대체성이 높은 상품에 대해 담합을 행할 때 독점은 발생된다.

그러므로 정부는 독과점시장에 대한 규제를 통해 불공정한 거래를 감시할 책임을 수행해야 한다. 시장을 독과점으로 지배하는 기준은 일개의 기업이 시장점유율 50% 이상을 점유하거나 3개 이하의 기업이 시장점유율 75% 이상을 점유할 경우이다. 따라서 이들

독과점기업이 가격담합, 가격남용, 출고조절, 신규진입 방해 등의 행위를 못하도록 정부는 이를 강력하게 규제하고 시정조치하는 적극적 행동을 수행해야만 한다.

경제초점 4-4 | 담합이라는 범죄

기업 간 담합행위도 정부입장에서는 골칫거리이다. 2008년 이후 기업 간 담합으로 인해 공정거래위원회에 시정조치 및 과징금 처분을 받은 건수는 130여건이 넘어섰다. LPG, 보험, 소주, 음료수, 석유화학제품, 항공화물운송 등 가격담합이 행해지는 상품도 다양하며 그 과징금도 수천억 원에 이른다. 또한 제약, 대학등록금, 통신요금, 라면, 커피, 은행대출금리 등 실생활과 밀접한 다양한 분야에서의 가격담합도 심심치 않게 이루어지고 있다.

가격담합은 자유로운 가격경쟁을 집단적이고 인위적으로 시장을 왜곡하여 소비자의 권리침해와 더불어 경제적 손실을 유발하는 범죄행위이다. 그러나 담합이 끊이질 않고 있는 것은 담합으로 인한 이득에 비해 과징금 부과 액수나 그 처벌수위가 담합이라는 불공정행위를 포기하도록 하기에는 매우 미흡하기 때문이다. 이러한 기업 간의 담합행위를 근절할 수 있는 가장 효과적인 방법은 담합으로 인한 이익을 철저히 박탈하는 것이다.

최근 담합이 적발되었을 때 담합하였던 기업이 자진신고(리니언시)를 하면 과징금을 감면해주는 자진신고감면제도가 시행 중이다.

| PART | 3

경제주체의 경제활동

CHAPTER

05 소비자와 기업

1 소비활동과 효용

삼면등가(三面等價)는 총생산, 총지출, 총분배가 같다는 경제학의 한 원칙이다. 한 국가의 총생산은 총소비와 같아지고 이 과정에서 생겨난 총소득은 경제활동에 참여한 모든 구성원들에게 모두 분배된다는 것이다.

경제활동에는 정부라는 주체가 있고, 정부의 역할이 있다. 또한 가계의 소비, 기업의 생산 등의 활동이 있다. 그래서 경제란 생산, 교환, 분배, 소비라는 행동이 있게 되는 것이다.

소비가 감소되면 기업은 생산을 줄이게 되고 재고를 소진시키면서 투자를 축소하게 된다. 이는 고용이 줄고 소득과 소비가 다시 감소하여 생산과 투자를 다시 위축시키는 악순환이 반복되게 된다. 그러므로 소비가 경제활동에 있어 매우 중요한 요소로 여겨지며, 생산보다도 소비가 먼저 이루어져야 한다는 주장

도 있게 되는 것이다. 소비가 미덕이 되는 것도 이 때문이다.

그러므로 소비를 중심으로 경제를 이해해야 한다. 또한 소비가 현재시점에서 이루어지는 것이라면 투자는 미래개념을 포함하고 있다. 물론 이 둘은 상호배타적일 수 없는 것이 된다.

경제활동 주체인 가계의 소비는 의식주를 해결하기 위한 필수적인 행동이다. 미래의 더 나은 경제생활을 위해 교육을 받는 행동도 투자성격이 있지만 소비행동이다. 이러한 소비는 현시적 혹은 과시

경제초점 5-1 | 용의자의 딜레마(prisoner's dilemma)

범죄조직의 두 조직원을 체포하였다. 각각의 죄수는 독방에 갇혔고, 다른 죄수와 이야기하거나 메시지를 교환하지 못하도록 조치하였다. 경찰은 그 두 사람을 주된 죄목으로 유죄 입증하기에 충분할 증거를 갖지 못하고 있는 상황이다. 그들은 둘 모두를 경미한 다른 혐의로 1년형에 처할 입장에 놓였다. 동시에 경찰은 다음과 같은 제안을 한다. 만일 다른 방에 있는 동료의 죄를 증언하면 자신은 석방되고, 동료는 3년형을 구형받는다. 하지만 만약 두 사람 모두 상대방의 죄를 증언한다면, 둘 다 2년형을 받는다. 물론 다른 방에 있는 죄수가 어떤 결정을 내렸는지도 알 수 없다.

이런 상황에서 죄수들은 어떻게 행동할 것인가? "내가 증언하고 다른 죄수는 증언하지 않는다고 가정하면 나는 1년 동안 감옥에서 썩는 대신 자유롭게 된다. 내가 증언하고, 다른 죄수도 증언한다면 나는 3년형 대신 2년형을 선고받는다. 이러거나 저러거나 나는 증언하는 편이 낫다. 내 증언은 다른 녀석이 어떻게 하든 간에 내 형량을 1년 줄인다." 문제는 다른 죄수도 똑같은 결론에 도달할 수 있고, 또 그럴 것이라는 데 있다. 만일 양측 모두 합리적이라면, 둘 다 증언하고 둘 다 2년간 감옥에 갈 것이다. 이것을 게임이론에서 볼 때 자백하는 것이 두 사람 모두에게 우월전략이 되는 것이다. 게임이론에서 우월전략이란 상대방이 어떤 전략을 선택하든 자신에게 더욱 유리한 결과를 가져오는 전략을 뜻한다. 두 사람 모두 즉시 풀려 날 수 있는 선택을 했음에도 불구하고 2년 징역을 살아야 하므로 이것은 일종의 딜레마이다. 이러한 결과는 상대방을 믿지 못하는 상황에서 개인만 생각한 까닭에 이루어진 결과이다.

적으로 이루어지기보다는 적정한 수준에서 이루어져야 한다.

소비는 효용이라는 주관적 기준으로 선택되는 것이기에 즉흥적으로 이루어진다면 나중에 후회할 수도 있다. 그러므로 합리적인 소비란 개인이 원하는 효용을 극대화하면서 이루어지는 계획적이며 건전한 소비가 되는 것이다.

경제초점 5-2 | 합리적인 소비

소비자들은 소비자주권을 가지고 있다. 소비자주권은 희소한 자원의 배분에 소비자의 선호가 존중되고 반영되는 현상이라 할 수 있다. 소비자들이 소비를 할 때의 판단기준은 매우 주관적이기는 하나 효용이라는 것을 두고 하게 된다. 그래서 항상은 아니어도 어느 정도 합리적인 소비가 필요하다. 합리적인 소비란 개인이 자신의 효용이 무엇인가를 정확하게 알고 그에 맞추어 일관성 있게 효용을 극대화하면서 결과적으로 사회 전체의 효율도 높여주는 똑똑한 소비를 일컫는다.

과시적이거나 충동소비가 아닌 계획적인 소비, 요즘 들어 화두가 된 100세 시대를 위한 노후를 위한 준비 등 생애재무설계 관점에서의 장기적인 인생설계를 위한 소비 또한 현명하고 합리적인 소비인 셈이다.

2 생산활동과 효용

기업은 경제주체 중 생산을 전담하는 중요한 주체가 된다. 기업은 시장 속에서 생존하면서 높은 비용과 위험을 감수하면서 품질 좋은 재화와 서비스를 생산하여 이윤을 창출하려고 한다. 그러므로 가계

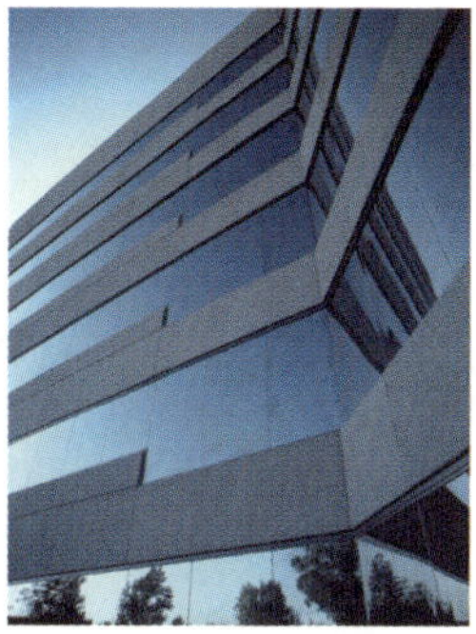

가 소비를 하기 전에 기업의 생산활동이 강력하게 일어나야 한다. 기업의 생산활동은 다양한 일자리를 창출해내며, 한 기업이 부흥하여 성장하게 되면, 기업이 속해 있는 지방자치단체에도 공헌을 하게 되고, 관련 협력업체의 생산활동에도 지대한 영향을 미치게 된다. 더불어 수출기업 혹은 해외직접투자, 해외개발, 다국적기업 등 기업규모 및 영역이 증대됨에 따라 국가 브랜드이미지 제고에도 큰 역할을 하게 된다.

그렇다면 기업의 목적은 무엇인가? 기업은 생산활동을 통해 더 많은 이윤을 창출하는 데 목적을 둔다. 이윤이란 판매수입에서 생산하는 데 들어간 비용을 차감하고 남은 것으로서 이러한 이윤을 크게 하여 이익을 더 많이 창출하려고 한다. 생산량이 증가하면 판매수입도 증가하지만 비용도 함께 증가하기 때문에 생산량을 무조건 늘리기보다는 추가적인 수입이 비용보다 많으면 생산을 확대하고, 그 반대의 경우에는 생산을 축소하게 된다. 기업은 생산활동을 함에 있어 생산과 판매라는 중대한 기능을 행사하고, 재무, 회계, 인사관리, 생

경제초점 5-3 | 산업의 균형

수출산업과 내수산업에도 균형이 필요하다. 수출은 정부의 지원으로 주도되는 경우가 흔하지만 내수가 위축되어서는 안 된다. 또한 대기업과 중소기업 간의 균형도 필요하다. 대기업이 수출을 주도하면서 우리나라의 경제성장률이 꾸준하게 플러스 성장을 유지하는 것은 수출대기업 드라이브 정책이 지속되고 있기 때문이다. 수출이 잘되어야 무역수지가 안정적이고, 환율이 안정되어야 물가가 안정되며, 그로 인해 내수도 살아나기 때문이다.

산관리 등의 보조기능으로 주요 기능의 목적이 달성되도록 한다.

기업이 지불하는 비용에는 직접 지불하지 않고도 소모된 비용이 있게 된다. 따라서 실제 지출한 비용을 회계비용이라 한다. 이때 눈에 보이지 않고 소모된 비용이 바로 기회비용 혹은 암묵적 비용이라고 한다. 그러므로 경제적 이윤과 회계상 이윤의 차이는 바로 이러한 암묵적 비용까지 고려되어야 정확하게 산정할 수 있는 것이다.

경제초점 5-4 | 동반성장이란?

대기업이 중소기업 업종을 침해하거나, 대그룹이 중소기업의 분야인 골목상권 진출에 대한 우려의 목소리가 높다. 이는 상생경영, 동반성장이란 키워드로 함께 공존하면서 동반성장을 모색하자는 주장이기도 하다. 대기업은 동반성장지수를 산정하여 공포하고 중소기업의 적합업종 및 품목에 대한 기준을 마련하고 점검하며 대기업과 중소기업 간 거래상 업종 간 갈등요인을 발굴하여 사회적 합의를 도출하는 데 의의를 둔다. 대기업이 거둔 이익을 사전 약정에 따라 우수 협력사와 나누는 협력이익분배제 또한 동반성장이라는 전제하에 이루어지는 좋은 제도라 할 수 있다. 이러한 제도는 기업의 사회적 역할제고라는 차원에서 봐야 할 것이다.

3 규모의 경제와 범위의 경제

규모의 경제(economic of size)란 생산량이 증가함에 따라 단위당 생산물의 평균비용이 감소하는 현상을 말한다. 그래서 대규모 생산의 경제라고도 한다. 이렇게 규모가 커짐에 따라 단위당 생산물의

평균비용이 줄어드는 이유에는 학습을 통한 효과를 비롯하여 분업에 의한 전문화 등을 들 수 있다. 대량생산으로부터의 이득이며 이러한 이득을 통해 가격경쟁력을 확보한다고 할 수 있다.

실제로 산업 내에서는 우수한 기업이 약한 기업을 인수하거나 합병하여 규모를 늘리는 것을 쉽게 찾아볼 수 있다. 이와 반대로 생산품의 종류가 많을수록 비용이 줄어드는 효과가 바로 범위의 경제(economic of scope)이다.

대규모 생산으로부터의 이득이라는 규모의 경제는 다음과 같은 몇 가지 원천에서 발생한다. 우선, 규모의 경제는 기술적 특성에 기인한다. 이는 자연독점(natural monopoly)인 전력, 통신산업 등은 기술적 특성에 의해 견실한 하나의 기업이 오히려 독점하듯 하는 것이 효율적이라는 이야기이다. 또한 규모의 경제는 생산규모가 커지면서 분업에 의한 전문성이 가능해질 때 생겨난다는 점이다. 이러한 전문화는 개별 생산활동을 전문화하도록 촉진하게 되고 이는 학습효과와 함께 생산량에 들어가는 비용을 감소시키는 역할을 하게 된다. 그리고 규모의 경제는 투입요소의 비분할성(indivisibility)에서 발생한다. 비분할성이란 생산에 필요한 투입요소를 일정량 이하로는 구매할 수 없는 경우를 말한다. 쪼개어서 투입할 수 없는 특성을 가진 거대한 시설이나 장비, 장치 등에 많은 투자가 선행될 수 밖에 없는 경우가 있는데 이러한 고정비 혹은 연구개발비에 많은 투자가 필요한 산업은 규모의 경제를 달성한 기업만이 가능하다는 설명이다.

범위의 경제는 유사한 생산물을 결합하여 생산함으로써 얻는 차별화의 이득이라 할 수 있다. 한 기업이 여러 상품을 동시에 생산하는 데 동일하게 적용하는 장비, 시설, 인력 등을 활용함으로써 생기는 이득이다. 이는 소비자들의 욕구가 매우 다양하기 때문에 고객욕구에 대응하다보면 생산하려는 범위는 넓어지게 되어 있다.

경제초점 5-5 | 정부지출의 승수효과

정부지출의 승수효과(multiple effect)라는 것이 있다. 즉 정부의 지출이 몇 배나 큰 정도로 국민소득의 증가로 이어지는가를 말한다. 정부가 지출을 증가시켜 기업의 상품을 100억 원만큼 추가로 구매한다면 기업의 수입은 증가할 것인데, 이는 다시 임금, 이윤 등으로 분배되어 결국 국민소득이 100억 원 만큼 증가하게 된다.

국민소득의 증가는 민간소비를 유도하는데, 사람들이 소득의 60%를 소비하는 경우, 즉 0.6을 한계소비성향이라 한다. 이때 민간소비가 60억 원만큼 증가하게 될 것이고, 이는 다시 기업의 수입으로 연결되 결국 국민소득이 추가적으로 60억 원만큼 증가하게 된다. 그런데 사람들은 늘어난 소득의 60%를 소비한다고 했기 때문에 민간소비는 36억 원만큼 추가적으로 증가하게 되는 것이다. 정부지출의 증가는 국민소득을 증가시키고, 이는 민간소비의 증가로 연결되고, 이는 국민소득의 증가로 반복되다가 더 이상의 소득증가가 유발되지 않게 되면 이때 멈추게 된다.

CHAPTER

06 시장과 정부

1 시장실패의 원인

시장은 특정 집단의 지시나 강요 없이 나름대로의 질서와 조화를 가진다. 시장에서 거래되는 다양한 재화와 서비스들의 수요와 공급이 적절히 조절되기도 하고 생산자와 소비자 간의 서로 다른 이해가 적절하게 절충되어 서로 조화와 보완이 이루어지기도 한다. 이를 아담 스미스(A. Smith)는 보이지 않는 손(invisible hand)으로 표현했다. 시장경제에서 희소한 자원을 효율적으로 배분하는 역할을 보이지 않지만 힘을 행사하고 있는 가격 메커니즘이 있다는 것이다.

하지만 이러한 시장도 항상 효율적일 수는 없다. 뜻대로 돌아가지 않는 상황이 종종 발생한다. 보이지 않는 손에 의해 제대로 작동되지 못하는 시장의 기능을 시장이 효율적인 자원배분에서 실패하였다고 해서 시장실패(market failure)라 한다.

이러한 시장실패의 원인으로는 시장이 과도하게 독과점적이어서 특정한 기업집단에 의해 좌지우지되는 상황, 즉 특정 기업이 시장지배력을 과도하게 갖는 상황이 있을 수 있다. 이러한 상황에서 특정 기업은 재화와 서비스의 양과 가격을 시장의 힘에 의하지 않고 인위적으로 유도하거나 지배하게 된다. 그 중에 심각한 것이 바로 담합이다. 담합이란 동일한 또는 유사한 상품을 생산하는 기업들이 서로의 경쟁을 회피하고 각각의 자기 이윤을 높이기 위해 생산량, 가격 등을 합의해서 정하는 행위이다. 이렇게 되면 자원은 효율적으로 배분되지 못하며 공정한 거래가 파괴된다.

또한 경제활동 과정에서 발생하는 외부효과(external effects)도

경제초점 6-1 | 풍선효과

부분에 집착한 미시적 대책이나 정부의 불완전한 경제지식과 정보제약으로 시장개입이 오히려 경제의 불확실성을 증폭시키기도 한다.

경제지표라는 것은 한 가지 지표가 변하면 다른 지표들도 영향을 받으며 변화하는 모양을 보인다. 경제를 안정시키겠다고 어느 한 쪽을 억누르면 다른 한 쪽이 부풀어지는 풍선효과가 초래되어 본래의 의도나 목적과 다르게 나타난다. 예를 들어 수출을 증대하겠다고 고환율정책을 펼치면 외국의 투기자금이 유입되어 유동성이 팽창하기도 하며 자산시장의 거품이 부풀어 오르기도 쉽다. 반대로 외국투자자가 자금을 유출해 가면 환율이 상승하기도 한다. 그런 이유로 저환율을 고집하다 보면 또 다른 문제에 봉착하게 되는 것이다.

그러므로 정부의 경제정책이 실패하지 않기 위해서는 정책 시행결과에 책임을 지는 풍토가 있어야 한다. 더불어 경제안정의 전제조건들에 주목하면서 정책목표를 시장에 맞도록 조율하여 금융가격지표의 움직임에 주목할 필요가 있으며 가계나 기업이 합리적 선택과 미래지향적인 경제활동에 임하도록 유도하는 정책의 일관성이 무엇보다 중요하다.

시장을 실패하게 만든다. 외부효과란 어떤 경제주체가 생산 또는 소비활동을 할 때 다른 경제주체에게 손해 또는 혜택을 주는 것이다. 기업이 생산활동을 하면서 자연적으로 내뿜는 배기가스나 공해, 소음, 매연이나 폐수 등이 좋지 않은 외부효과이다. 더불어 공공재의 존재가 시장실패를 가져 올 수 있다.

공공재란 함은 어떤 사람이 먼저 소비하면 다른 사람이 소비할 수 없는 사용재와 달리 여러 사람이 동시에 공평하게 사용할 수 있는 공동의 재화이다. 이에는 국방, 안보, 외교, 소방, 치안 등과 관련된 재화가 있다. 그런데 이러한 공공재는 또 한 가지 문제를 가지고 있다. 즉 무임승차자 문제(free-rider problem)이다. 즉 사람들이 어

경제초점 6-2 | 역선택(adverse selection)의 문제

정보를 많이 가진 쪽이 감추어진 특성으로 인해 발생하는 문제가 바로 상반된 선택 혹은 역선택의 문제이다. 역선택의 문제로 인해 여러 가지 형태의 문제가 발생한다.

중고차시장을 예로 들어보면, 중고차 판매자는 자동차의 성능이나 결함을 잘 알고 있지만 중고차 소비자는 좋은 차와 나쁜 차를 구분하지 못하고 단지 중간가격 또는 중간가격보다 낮은 가격으로 중고차를 구입하고자 한다. 중고차 판매자는 중고차가격이 항상 평균적인 성능의 자동차 가격선에서 결정되고 이러한 상황이 계속된다면, 좋은 차를 중고차시장에 팔려고 내 놓지 않게 될 것이다. 그 결과 중고차시장에 나오는 자동차의 평균적인 성능은 전보다 더 나빠지고 따라서 가격도 더 하락하게 된다. 이렇게 되면 판매자는 시장에 내놓는 중고차의 질을 더욱 낮추게 되고, 이러한 악순환이 반복됨에 따라 소비자는 점점 더 질 나쁜 자동차만을 구입할 수 있게 된다. 이는 정보를 가지고 있지 못한 소비자들이 정보를 많이 가지고 있는 판매자의 역선택에 의해 손실을 감수해야 하는 문제가 발생된다.

떤 재화와 서비스의 소비를 통해 혜택을 얻지만 이에 대해 아무런 노력도 비용도 부담하지 않으면서 혜택만 누리려는 문제를 말한다. 그러므로 공공재를 정부가 아닌 기업이 맡게 될 경우 이윤을 목적으로 하는 기업은 공공재의 생산량을 조절하여 가격을 높이려고 할 것이다. 그러면 결국 공익을 위해 사용하고자 하는 수요를 맞추지 못하게 되고, 사회적으로 필요한 양에 훨씬 미치지 못하는 사태를 초래하게 만들 것이다.

2 정부의 시장개입

다양한 시장의 실패가 있기 때문에 정부가 개입하기 싫어도 개입할 수밖에 없게 된다. 정부는 시장에 참여하는 주체들의 공정한 경쟁을 유도하기 위해 제반 제도를 만들어 감시하려고 한다. 소비자들의 권리도 보호해야 하고 시장이 독과점으로 가는 것도 막아야 하기 때문이다.

외부효과의 폐단을 줄이기 위해 오염에 대한 기준치도 정하고 그 기준치를 넘는 기업들을 제재하기도 한다. 안정적인 공공재 생산을 위해 공기업이 나서기도 하며 물가안정, 고용증대 등 경제를 안정화시키는 데 개입이 발생하게 된다. 하지만 정부의 개입이 시장실패를 더 악화시키거나 자원배분의 효율성을 높이기보다는 오히려 해치는 상태로 진행되기도 하는데 이를 정부실패(government failure)라 한다.

경제초점 6-3 | 시장개입의 필요성

자유시장경제의 가격기능만으로는 해결할 수 없는 문제가 많다. 완전경쟁이 이루어지더라도 자연독점, 불충분한 정보, 외부효과, 소득분배의 불평등 그리고 공공재 생산의 한계 등의 문제를 해결할 수 없다. 따라서 이러한 문제들을 해결하기 위해서 정부의 역할과 경제정책이 필요하게 된다. 정부정책이란 국민의 경제적 후생을 증대하기 위해서 정부가 의도적으로 경제생활을 조정하거나 영향력을 행사하기 위해 취하는 각종 규제나 조치라 할 수 있다.

정부실패의 원인은 다양하겠으나 경제활동과 관련하여 경제주체들의 바람직한 행위나 선택을 유도할 목적으로 금전적 보상이나 승진 등 유·무형의 혜택을 제공하는 유인제도(incentive system)가 부족한 것이 큰 원인으로 볼 수 있다. 따라서 실패하지 않는 정부가 되기 위해서 불공정한 제도개선을 통해 기업활동을 저해하는 요소들을 제거하고 적절한 경쟁논리와 적절한 유인제도를 도입하며, 시민단

경제초점 6-4 | 배출권 거래제도

배출권 거래제도(trade-able permit system)는 정부가 오염물질 배출량만큼 세금을 부과하는 정책이다. 오염 배출자가 규제기준까지 오염물질을 감소시키면 더 이상 오염을 감소시킬 경제적 유인이 없지만, 배출권 거래제도는 오염배출량만큼 세금이 부과되므로 오염 배출자가 환경친화적 기술을 스스로 채택해서 세금을 줄여 이익을 보려고 노력을 유도하게 된다.

체, 언론, 감사기관 등의 감시와 비판도 수용하는 것이 필요하다.

2 정부와 세금

정부는 정부가 하는 활동과 경제활동의 목적을 달성하기 위해 수반되는 비용을 지출해야만 한다. 이러한 활동에 필요한 자금은 조세수입, 차입금, 공공요금 등과 같은 세외수입 등이다. 그래서 정부의 재원조달 활동은 국가의 경제와 긴밀한 관계에 놓이게 된다.

경제초점 6-5 | 죽음과 세금

택시를 타면 부가가치세를, 담배를 피우면 담배소비세를, 술을 마시면 주세를, 은행에서 이자를 받으면 이자소득세를 내고 있다. 이러한 세금은 자본주의 사회에서 피할 수 없는 것으로 죽음과 유사한 것이다. 이렇듯 직접 혹은 간접으로 세금을 부담하게 되어 있다.

세금이란 일정한 요건을 갖춘 개인이나 기업이 반대급부 없이 일방적 혹은 의무적으로 부담하는 조세이다. 국방, 치안, 외교, 사회보장, 교육, 도로, 상하수도 등 국민의 일상생활에 필요한 공공서비스를 제공하기 위한 국가와 지방자치단체의 재원이 바로 세금으로부터 생겨난다.

이러한 세금을 통해 공공경비를 조달하고 국가정책을 달성하게 된다. 국내산업 보호를 위해 보호관세의 부과, 알코올 남용을 방지하기 위해 고율의 주세 부과, 소득재분배를 위한 소득공제규정을 도입하는 것 등이다. 또한 경제의 성장과 안정을 도모하기 위해서 세율, 과세표준 등의 조세구조를 조작하는 각종 감면제도도 도입하고 있다. 더불어 소득세에 누진세율을 도입, 적용함으로써 공정한 분배도 시도된다. 따라서 국가는 경제사회발전을 통해서 인간생활의 안정과 향상을 도모함은 물론 복지사회건설을 조세수입을 통해 이루려고 한다.

우리나라 조세체계는 중앙정부의 국세와 지방정부의 지방세로 크게 구분된다. 국세는 내국세, 관세, 목적세로 분류되고, 내국세는 다시 직접세와 간접세로 나뉜다. 직접세에는 소득세 , 법인세, 상속세 등이 포함되고, 간접세에는 부가가치세, 특별소비세 등으로 구분된다. 지방세는 도세와 시 · 군세로 구분되며 이는 보통세와 목적세로 각각 구분된다. 가령 주민세나 자동차세는 시 · 군세이면서 보통세에 속하며 취득세나 등록세는 도세로서 보통세에 속한다.

도표 6-1 || 우리나라의 조세체계

구분		소관	보통세	목적세
국세	내국세	국세청	소득세, 법인세, 상속세, 증여세, 종합부동산세, 부가가치세, 개별소비세, 주세, 인지세, 증권거래세	교육세, 교통 · 에너지 · 환경세, 농어촌특별세
	관세	관세청	관세(국경을 통과하여 수입되는 물품에 부과되는 세금)	
지방세		지방자치단체	취득세, 재산세, 주민세, 자동차세, 등록면허세, 담배소비세, 지방소득세, 레저세, 지방소비세	지역자원시설세, 지방교육세

세금이 부과되는 장소에 따라 내국세와 관세로 구분된다. 국내에서 과세되는 조세를 내국세라 하고 재화나 서비스가 국경을 통과할 때 과세되는 조세를 관세라 한다. 국가 또는 지방자치단체가 다른 조세와는 무관하게 독자적으로 주체성을 지니고 부과하는 세금이 독립세이며, 국가 또는 지방자치단체가 부과한 조세를 기준으로 부과하는 세금이 부가세이다. 이러한 부가세에는 지방소득세, 농어촌특별세, 교육세, 지방교육세 등이 있다.

납세의무자와 세금을 부담하는 자가 일치하는 세금을 직접세라 하고 납세의무자와 세금을 부담하는 자가 일치

하지 않는 세금을 간접세라 한다. 직접세에는 소득세, 법인세, 상속세, 증여세, 종합주동산세가 있으며 간접세에는 부가가치세, 개별소비세, 주세, 인지세, 증권거래세가 있다.

과세물건과 세금을 부담하는 자의 내용을 기준으로 하여 소득세, 재산세, 소비세 등으로 구분되기도 한다. 소득세는 특정의 개인 및 법인에 귀속된 소득을 과세물건으로 하여 법으로 정해진 과세요건을 충족할 때 부과하는 세금이다. 소득이 있음으로써 조세를 부과한다는 원칙이 있다. 재산세는 재산을 소유하고 있다는 사실에 대하여 법으로 정해진 과세요건을 충족한 때에 부과하는 세금이다. 소비세는 재화 혹은 서비스의 구입, 소비라는 사실에 대하여 법으로 정해진 과세요건을 충족하는 때에 부과하는 세금이다.

이러한 세금은 형평의 관점에서 조세부담이 이루어지고 있는지가 매우 중요하다. 그러므로 조세는 모든 국민에게 공평하고 동시에 그것이 경제에 미치는 부작용을 극소화시키기 위해 세법 자체가 명확해야 하고 구체적이어야 하며 모든 사람이 납득할 수 있어야 하는 것이다.

그렇다면 정부의 조세가 경제에 미치는 점을 살펴보기로 하자. 예를 들어 고소득자에 높은 소득세율을 부과하는 것은 그 사람의 저축 감소를 가져올 수 있으며 이는 결과적으로 경제성장을 저해하는 쪽으로 작동할 수도 있다. 그러나 소득재분배를 전혀 고려하지 않는다면 또 다른 결과가 나올 수도 있다. 큰 손해를 볼 수도 있는 투자가 성공해서 대부분의 수입이 세금으로 징수되는 것도 문제이고, 투자가 실패한 것이 개인의 손실로만 이루어져도 문제가 되는 것이다.

경제초점 6-6 | 조세부담률

조세부담률이란 한 나라의 국내총생산에 대한 조세총액의 비율을 말한다. 이는 재정의 상대적 규모를 나타내는 지표라고 볼 수 있다.

$$조세부담률 = \frac{조세(국세+지방세)}{경상GDP}$$

각국의 조세부담률은 2008년 기준으로 보면, 복지제도가 발달한 유럽국가들이 조세부담률이 높은 것을 알 수 있다.

도표 6-2 || 각국의 조세부담률

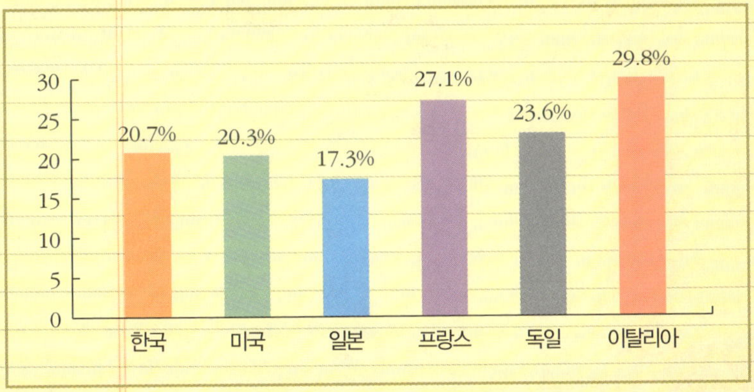

경제초점 6-7 | 지하경제규모 196조

절세란 세법이 허용하는 범위 내에서 합법적이고 합리적인 방법으로 세금을 줄이는 행위이다. 이에 비해 탈세란 고의로 사실을 왜곡하는 등의 불법적인 방법을 동원해서 세금부담을 줄이려는 행위이다.

2011년 사망자 25만 5천여 명 중 상속세를 낸 사람은 고작 4,000명이었다고 한다. 이는 사전에 상속세를 신고하지 않았거나 수많은 편법증여가 행해지고 있다는 뜻이다. 2005년부터 2010년 국세청이 변호사, 의사 등 고소득 자영업자들에 대해 조사를 한 결과 소득 탈루액이 평균 48%에 이르는 것으로 나타났다.

매년 체납되는 세금액수도 증가하고 있지만 실질적으로 과세되지 않는 지하경제의 규모는 2010년 국내총생산(GDP)의 17.7%인 196조 원으로 추정되고 있다.

또한 역외탈세의 문제도 매우 심각하다. 역외탈세란 바하마, 버뮤다 등 조세피난처에 세운 법인 등을 통한 거래로 세금을 회피하는 것을 말한다. 이는 국내 거주자의 경우 외국에서 발생한 소득(역외소득)도 국내에서 세금을 내야 하지만 외국에서의 소득은 숨기기 쉽다는 점을 악용한 것이다.

4 환경과 경제

경제활동을 하다보면 필연적으로 발생되는 문제가 바로 환경문제이다. 사람들은 자연을 개발하여 경제발전을 이루고 이를 통해 생활수준을 높여 그에 따른 수많은 혜택을 누리고 살기를 원한다.

선진국에도 후진국에도 포함되지 않는 제3세계라는 말이 있다. 이는 제2차 세계대전 이후 미국과 소련을 중심으로 냉전체제가 지속되던 중, 유고슬라비아가 미국과 소련에 편승하지 않고 독자적인

노선을 택하면서 생겨난 개념이다. 최근에도 인도, 인도네시아, 이집트처럼 개발도상국에 속하지 못한 낙후된 경제를 가진 국가들을 지칭하는 용어로 사용되고 있다. 이러한 제3세계들은 산업화에서 뒤처지고 있지만 이들 국가들도 경제가 성장하는 과정에서 자연환경을 파괴하거나 훼손할 수도 있다. 따라서 이러한 환경문제는 향후 범세계적인 경제문제가 될 것이다.

또한 환경문제는 생산, 소비 등 경제활동 과정에서 발생하는 외부효과와 관계가 있다. 그러므로 정부나 기업 등의 주체들이 시장에서 자유롭게 이 문제를 해결하기가 어렵다. 외부불경제로 인해 시장이 자율적 또는 효율적 자원배분에 실패하게 된다. 해로운 외부효과를 발생시킨 국가나 사람은 이에 대해 어떠한 대가를 지불하지 않아도 되므로 환경을 파괴하는 행위는 중단되지 못한다. 시장실패는 그래서 자연스럽게 정부개입으로 이어지게 되는 것이다.

더불어 환경문제는 다양한 이해를 가진 집단 간의 충돌이 발생되기 때문에 모두를 만족시키는 경제정책을 수립하기가 어렵다. 환경은 시간을 두고 서서히 훼손되는 것이어서 그 원인과 영향 혹은 결과를 예측하기도 어렵다.

또한 경제학에서는 개인적 소유권이 없는 자원인 공유자원이라는 개념도 있다. 이러한 공유자원은 특정한 소유가 없이 막연한 소유권만 있어, 무방비 상태로 관리되다보니 적절한 보호를 받지 못하고 지나치게 사용되어 고갈되거나 황폐해지는 현상이 있는데, 이를 공유자원의 비극이라 한다. 이 문제 역시 경제와 환경문제이며, 정부가 직 · 간접적인 규제를 비롯하여 경제주체들에게 경제적 유인책을

제공하고 유인책을 받은 개인들에게 일정의 공헌을 요구하는 등의 전략을 수립할 수도 있다.

각종 환경관련 세금이나 환경오염에 대한 부담금, 오염유발자에 대한 사회적 비용의 부과 등이 생겨나게 된다. 국제적으로 이산화탄소 배출규제의 목소리가 높아지면서 오염배출권에 대한 논쟁도 환경과 관련한 경제문제로 부각되고 있다.

경제초점 6-8 | 자연을 지키는 세금

환경세(environmental taxes)라는 것이 있다. 이는 환경오염행위를 대상으로 부과하는 세금이다. 어떤 행위로 인해 직접적으로 발생된 환경오염 피해를 근거로 부과된다. 환경오염문제에 대하여 정부가 대처할 수 있는 정책수단의 유형으로는 직접개입, 간접개입, 직접규제, 시장에 맡기는 방법, 환경교육 및 홍보 등을 들 수 있는데, 이 가운데 환경세는 간접개입에 해당된다.

최근 들어 심각해지고 있는 환경오염에 대한 관심이 점차 커지면서 '녹색성장' 등 환경의 중요성이 부각되고 있다. 환경세에 대한 최초의 국제적인 논의는 1990년대 초반에 실시된 OECD의 조사를 계기로 이루어졌다. 그 중 하나가 바로 탄소세이다. 그밖에 건전지, 플라스틱 쇼핑백, 일회용기 음료수, 살충제, 타이어, 프레온, 할론에 대해 부과하는 조세가 포함되어 있고 소득세제도 내의 일부 환경과 관련된 규정들과 함께 수질오염부과금, 폐기물처리 및 관리부과금, 소음공해에 대한 조세와 부과금 등도 시행되고 있다.

| PART | 4

국가경제의 이해

CHAPTER

07 국내소득과 경제성장

1. 국내소득
2. 경제성장 및 경제발전
3. 국가채무
4. 국가부도 위험지표 CDS 프리미엄

1 국내소득

거시경제이론은 국내경제 전체의 행위를 총체적으로 분석하는 것으로 소득, 고용과 실업, 소비와 물가, 투자, 통화, 국제수지 등과 같은 지표 사이에 존재하는 상호관계를 다룬다. 이들 지표 가운데 중요한 한 가지는 국내소득 개념이다.

국내소득은 일정기간 동안의 국내경제의 활동을 집약한 총체적 개념을 말한다. 따라서 거시경제를 이해하기 위해서는 국민경제의 움직임을 총체적으로 나타내는 변수들인 생산량, 고용, 물가 및 국제수지 등이 어떻게 결정되고 어떻게 조정될 수 있는지를 파악하는 것이 중요하다.

국내총생산(Gross Domestic Products : GDP)은 일정기간 동안 국내에서 일어난 생산과 소득의 흐름을 측정한다는 의미이다. 반면 국민총생산(Gross National Products : GNP)은 그 나라 국민과 그 나라 국민이 소유하는 생산요소에 의해 생산된 재화와 서비스의 가치만을 포함한다. 연방준비제도이사회(FRB)의 그린스펀 의장도 GNP에서 GDP로 바뀐 것을 21세기 가장 위대한 업적이라고 평한 바 있다. 미국은 1991년부터, 우리나라도 1994년부터 GDP를 사용하기 시작했다. 이는 국제화 등의 전 세계적인 무역이 자유화되면서 한 나라 사람중심의 기준에서 한 나라의 땅 중심으로 변화되고 있는 것이다.

도표 7-1 ‖ GDP와 GNP의 관계

자국인이 국내에서 생산	+	자국인이 외국에서 생산	−	외국인이 국내에서 생산	= GNP
자국인이 국내에서 생산	−	자국인이 외국에서 생산	+	외국인이 국내에서 생산	= GDP

경제초점 7-1 | GDP와 GNP

생산과 소비가 증가하면 경제가 성장하게 된다. 경제성장의 규모, 즉 경제성장률은 투자 시 중요한 판단의 근거가 된다. 경제성장은 전년도에 비해 국가경제가 얼마나 성장하였는지를 나타낸 지표이다. 한 국가경제의 종합적인 성적표인 셈이다.

경제성장률을 나타내는 지표인 GDP(국내총생산)는 한 국가의 영토 내에서 모든 경제주체가 일정기간 동안 생산한 재화와 서비스의 가치이다. GDP와 비슷하게 GNP라는 것이 있다. 지역을 기준으로 하지 않고 사람을 기준으로 하는 것이 GNP이다. 한국에서 일하는 우즈베키스탄인의 임금은 한국의 GDP에는 포함되지만 한국의 GNP에는 포함되지 않는다.

이러한 지표들은 전기대비성장률이라는 이름으로 단기적인 경기변동이나 경기흐름을 파악하게 해준다. 고성장시대에는 경기기복이 심하며 변화가 심하기 때문에 위험성이 존재하므로 투자가 얼어붙기도 한다. 저성장에는 경제성장률과 경기의 변화가 크지 않아 사람들이 투자에 적극적일 수도 있다.

2 경제성장 및 경제발전

경제성장(economic growth)이란 국민경제의 규모가 지속적으로 증대되는 것을 말한다. 즉 일정기간 동안에 한 나라 국민이 생산한 실질국민총생산이 증가하여야 한다는 뜻이다. 따라서 국민총생산이 증가함에 따라 소비자들의 소비라든가 기업들의 투자가 늘어나 일자리 창출도 이루어지고 나아가 국민총생산이 늘어나 국민생활도 향상되도록 되어 있다.

이러한 경제성장의 크기는 경제성장률로 나타난다. 경제성장률은 실질국민총생산의 증가율이며 이는 총생산의 증가분을 전년도의 총생산으로 나누어 산출한다. 여기서 실질국민총생산이란 개념이 있는데 여기서의 실질이란 물가요인을 제거한 상태를 말한다. 따라서 경제성장률은 실질국민총생산이 전년 대비 얼마만큼 향상되는가의 비율이라 할 수 있다.

도표 7-2 ‖ 경제성장률

$$\text{경제성장률} = \frac{\text{특정연도 국민총생산} - \text{전년도 국민총생산}}{\text{전년도 국민총생산}}$$

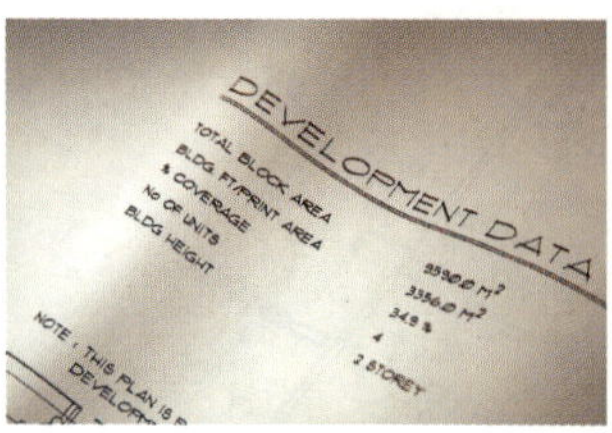

경제성장률이 상승하기 위해서는 전년도보다 실질총생산이 증가해야만 한다. 만일 실질총생산이 감소한다면 경제성장률은 마이너스를 기록하게 된다. 마이너스 성장이 되면 소비와 투자가 위축되고 그에 따라 생산이 감축된다. 생산이 줄면 고용이 줄고 실업자는 늘어난다.

경제초점 7-2 | 잠재성장률과 실질성장률

잠재성장률이란 물가상승을 유발하지 않으면서 노동·자본 등의 생산요소를 모두 투입해 달성할 수 있는 최대성장률을 의미한다. 석유파동·외환위기 등 극심한 경제불안을 겪은 이후 한 나라 경제가 실제로 만들어낸 모든 생산물의 가치를 추산한 실제성장률과 대비되는 개념이다.

잠재성장률과 실질성장률은 국민총생산(GNP) 또는 국내총생산(GDP)을 지표로 측정한다. 실질 GNP(또는 GDP)와 잠재 GNP의 차이인 GNP 갭으로 경기 양상을 어느 정도 예측할 수 있다. 실질 GNP가 잠재 GNP를 웃돌면(GNP 갭의 값이 +이면) 생산능력 이상으로 경기가 과열되어 물가상승의 위험이 있음을 나타낸다. 그 반대의 경우는 생산능력 이하에서 생산활동이 이루어지고 있음을 의미하므로 물가상승을 유발하지 않으면서 수요를 늘려 고용을 촉진시킬 수 있다.

경제초점 7-3 | 경제성장률, 높을수록 좋은가?

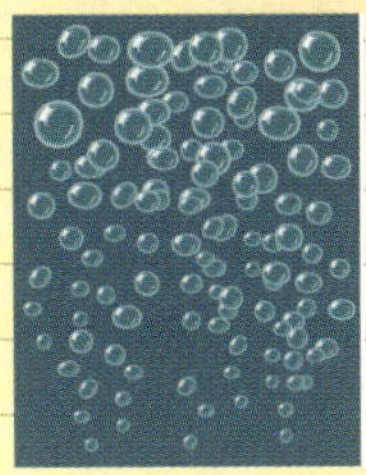

경제성장이 높아질수록 필연적으로 등장하는 것이 물가상승압력, 즉 인플레이션이다. 인플레이션이 과도해지면 버블(bubble)경제가 형성될 수도 있다. 즉 자산의 내재가치에는 변동이 없는데 시장가치만 올라가는 현상이 발생할 수도 있다. 주식, 부동산 가치가 상승하면 개인들은 소비를 늘리고 기업들도 생산을 증가시켜 실업을 흡수하게 된다.

그러나 경제성장률은 한 나라 경제에 있어 매우 중요한 경제이슈이다. 경제성장률이 높아야만 국민총생산이 증대함으로써 소비와 투자가 늘어나고 새로운 고용창출도 가능해진다. 경제성장률이 낮으면 기존 일자리가 줄고 실업률이 증가하게 된다. 따라서 경제안정과 국민생활수준 향상이라는 측면에서 일정한 수준의 경제성장률은 필수라고 할 수 있으나 잠재성장률을 초과하지 않는 범위 내의 성장이 적정하다고 할 수 있다.

경제성장과 경제발전은 동일한 의미인가? 일반인들은 혼용하고 있으나 두 의미는 엄밀하게 다르다.

경제성장은 국민경제의 규모가 지속적으로 커지는 것이며 일정기간 동안에 국민경제가 생산한 실질국민총생산이 증가하는 것으로 일종의 양적인 개념이다. 반면 경제발전(economic development)이란 총생산이 증가하는 것뿐 아니라 인적자원, 생산구조, 사회인프라 등 전반적인 경제사회의 총체적 변화를 의미한다. 문맹률이라든가 기술의 수준 그리고 국민의식의 수준, 준법정신, 사회제도 수준 등 광범위한 개념이며 질적인 개념을 포함한다. 따라서 경제성장은 경제성장률로 나타내지만 경제발전은 문맹률, 기술수준, 사회복지 수준 등 전반적인 지표로 측정한다.

결론적으로 경제성장과 경제발전은 측정하는 척도가 다르다. 따라서 경제성장국가가 반드시 경제발전국가는 아닐 수도 있는 것이다. 하지만 경제성장이 이루어져야 경제발전이 달성된다고 할 수 있다. 따라서 이 둘의 개념은 서로 불가분의 관계에 있다고 볼 수 있다.

이렇듯 경제성장률의 변동은 국가의 신용도와 한 국가의 경제력 척도인 증권시장에 영향을 준다. 경제성장률이 높으면 신용등급과 주가가 상승하고 경제성장률이 낮아지면 신용등급과 주가가 하락하

경제초점 7-4 | 주가는 경제성장에 비례한다

장기적으로 주가는 경제성장에 비례하도록 되어 있다. 생산과 소비가 증가하여 경제가 성장하면 그 시장 속의 기업도 실적이 향상되고, 기업의 가치가 올라가며, 그 기업에 투자한 주주들의 배당이나 주가가 상승함으로써 주주의 부(富)도 상승하게 된다. 이러한 주주의 부가 극대화되도록 기업은 경제활동의 주체로서

경제활동에 참여하게 된다. 이와 반대로 경제가 성장하지 못하면 생산과 소비는 하락하고, 기업은 그 영향을 받아 매출과 이익이 줄고, 결국 주식의 가치는 하락하게 될 것이다. 그러므로 경제성장은 매우 중요하며, 이러한 성장의 흐름은 종합주가지수를 지속적으로 우상향의 방향으로 끌어 올리게 된다.

그런데 주식은 어느 누구도 정확하게 예측할 수 없는 모순덩어리이다. 저성장 시대에도 주식이 상승하기도 하며, 특별한 호재가 없이도 주식시장에 자금이 몰리며 주가를 밀어 올리기도 한다. 종합주가지수(KOSPI)란 증권시장에 상장된 모든 종목의 주가변동을 날마다 종합한 지표이다. 우리나라의 종합주가지수는 기준시점(1980년 1월 4일)의 시가 총액을 100으로 볼 때 비교시점의 시가총액을 지수화한 것이다. 코스피와 달리 코스닥지수가 있는데, 이는 컴퓨터와 통신망을 이용하여 장외 거래주식을 매매하며, 증권거래소시장과는 달리 별도의 성장가능성이 높은 벤처기업이나 중소기업이 중심이 되는 또 다른 형태의 장외주식시장을 말한다. 외국의 경우를 보면 미국의 다우존스 산업평균지수, 일본의 닛케이지수 등이 우리나라의 코스피에 해당한다.

경제초점 7-5 | 경제행복지수

개인이 느끼는 혹은 국민이 느끼는 경제적 행복감이라는 것이 있다. 이를 경제학에서는 경제행복지수(economic happiness index)라 한다. 소득, 소비, 고용안정성 등 경제적 만족감을 평가해 지수화한 것이다. 경제적 안정, 경제적 우위, 경제적 발전, 경제적 평등, 경제적 불안 등에 대한 5개 하위지수와 전반적 행복감을 종합해서 지수를 산출해 낸다. 50을 기준으로 100에 가까울수록 행복함을 나타내고, 0에 가까워질수록 불행함을 뜻한다. 그렇다면 한국인들이 느끼는 경제행복지수는 어느 수준인가? 전국 20세 이상을 대상으로 한 표본조사는 2007년부터 시작되었는데, 2007년부터 2011년까지 43을 넘어선 적이 없다. 그것도 2011년엔 39.4로 떨어졌다. 그 이유가 무엇인가?

물가가 급등하면 행복하지 않다. 대출금리가 상승하여도 마찬가지다. 또한 경제행복지수는 지역과 연령, 직업 등에 따라 영향을 받는다. 그나마 경제적으로 가장 행복한 사람은 전문직을 가진 20대 대졸 미혼여성인 것으로 나타난 점을 볼 때 결혼연령이 늦어지는 이유 또한 이해가 가는 부분이다. 금리와 물가수준 등 경제생활에 영향을 주는 요소들이 사람들의 경제행복을 급락시키는 주범인 것이다.

는 것이 일반적이다.

경제행복지수와 함께 실물경기 흐름을 보여주는 산업활동지표라는 것도 있고, 현재 경기상황을 보여주는 경기동행지수(순환변동치), 향후 경기국면을 예고하는 선행지수(전년 동월비) 등도 있다. 이들 모든 지수가 오름세로 돌아서면 경제행복지수도 개선되는 효과가 있을 수 있다.

하지만 묘하게도 실물지표가 개선되어도, 체감경기는 그리 쉽게 개선되지 않는다. 기업들의 체감경기를 나타내는 기업경기실사지수(BSI : Business Survey Index)라는 것이 있다. 이 지수가 100을 넘으면 경기를 좋게 느끼는 기업이 그렇지 않은 기업보다 많다는 뜻이고, 100 이하이면 그 반대이다.

경제초점 7-6 | 슈바베법칙과 엥겔계수

슈바베(Schwabe) 법칙은 소득이 많아질수록 주택비, 특히 집세의 지불액이 많아지지만 가계 지출액 전체에서 차지하는 그 비율은 점차 작아진다고 하는 내용이다. 이를 제시한 독일의 경영학자 이름을 따서 슈바베의 법칙이라 한다. 가계지출의 상태를 살피는 한 지표로서 엥겔계수와 더불어 쓰인다.

1857년에 당시 통계국장인 엥겔은 153세대의 가계지출을 조사한 결과 지출총액 중 저소득 가계일수록 식료품비가 차지하는 비율이 높고, 고소득 가계일수록 식료품비가 차지하는 비율이 낮음을 발견하였다. 이 통계적 법칙을 '엥겔의 법칙'이라 하고, 총가계 지출액에서 식료품비가 점하는 비율을 엥겔계수(Engel's coefficient)라고 한다.

경제초점 7-7 | 행복 잃어가는 대한민국

2011년 한국경제신문에 '행복 잃어가는 대한민국'이라는 기사가 있었다. 내용을 보니, 우리나라의 삶의 질이 경제협력개발기구(OECD)와 주요 20개국(G20) 가운데 하위권에 위치하고 있다는 것이다. 조사대상 39개국 중 2000년과 2008년 모두 삶의 질 지표가 27위를 차지했다. GDP 대비 사회지출은 31위, 실업률과 GDP 대비 노령지출, 노령자 고용률, 산업안전 등의 지표로 평가하는 경제적 안전 항목의 순위도 29위이다.[01] 다만 기대수명으로 평가한 수명의 순위는 2000년 25위에서 2008년 20위로 5계단이나 상승했다.

경제적 풍요가 행복의 한 요소임에는 틀림없는데, 우리나라는 장수하는 국가임에도 불구하고 행복하지는 않다는 의미가 된다. 소득수준과 행복감의 관계에서 거의 항상 방글라데시가 행복한 국가 1위로 뽑히는 것을 보면 소득수준이 높은 것만이 더 큰 행복감을 주는 것은 아니지만, 한국의 상황은 왠지 걱정스러운 대목이 아닐 수 없다. 특히 세계 최장수 국가인 일본보다 고령화 속도가 더욱 가파른 우리나라는 노후준비에 대한 개인 및 국가차원의 준비가 시급한 문제라고 아니할 수 없다.

3 국가채무

국가채무(government debt)란 정부가 재정적자를 메우기 위해 국내외에서 돈을 빌려 생긴 빚이다. 국가채무는 중앙정부 채무와 지방정부 채무를 합한 것으로 국제통화기금(IMF) 기준으로는 정부가 직접적인 원리금 상환의무를 지고 있다. 최근 미국에 이어 일본의 신용등급이 한 단계 강등했다.

01 빈부격차와 계층 간 소득불균등을 나타내는 지니계수로 평가한 분배항목 역시 2000년 12위에서 2008년 23위로 11등이나 추락했다. 상대빈곤율도 2000년 19위에서 2008년 24위로 5등이나 떨어졌다(한국개발연구원, 2011. 8. 21).

글로벌 신용평가업체 무디스가 2011년 8월 24일 일본의 국가신용등급을 'Aa2'에서 'Aa3'로 내린 것이다. 이날 도쿄증시에서 닛케이 평균주가가 1% 가량 하락하고, 달러당 엔화가치는 76.54엔을 기록하면서 차분한 반응이었지만 글로벌 경기침체 대한 우려의 목소리는 매우 높아졌다.

일본의 경우 1991년 부동산 버블의 붕괴로부터 경기침체는 시작되었다. 은행대출로 부동산을 구입했던 개인들은 신용불량자가 되다시피 했고, 부동산 과잉투자를 했던 기업들도 도산하였다. 방만한 대출을 일삼던 은행도 퇴출되었다. 일본정부가 재정확대로 탈출로를 찾으려 했지만 경기는 살아나지 못했고 빚만 늘어난 셈이다. 1991년부터 2000년까지 9차례 경기부양책을 통해 돈을 쏟아부었지만 일본경제는 살아나지 못하고 있다. 일본 수출기업들은 엔고현상으로 인해 수출경쟁력을 상실했다. 스탠더드앤드푸어스(S&P)에 이어 무디스마저 신용등급을 강등함으로써 일본경제의 적신호를 경고한 셈이다.

2008년 미국발 경제위기의 도화선이 됐던 서브프라임 모기지론 사태의 경우 미국정부의 선심정책 덕분에 여력이 없던 개인들은 대출을 받아 부동산에 투자를 했고, 그로 인해 평생 빚쟁이 신세로 전락하게 되었다.

개인들이 보유한 돈을 은행에 보통예금으로 쌓아두고 있으면 어떻게 될까? 경기와 고용에 대한 불안이 커지면 커질수록 수익성보다는 안정성을 따지는 투자경향이 심해지게 된다. 은행 역시 그러한 돈을 받아 돈을 떼일 위험이 있는 기업대출보다는 안전한 국채투자에만 신경을 쓸 가능성도 높아진다. 돈이 국가의 튼튼한 부를 일

으키는 경제의 윤활유로 작동하지 못하게 되면서 저축 → 은행 → 국채의 한정된 순환고리가 이루어지게 되는 것이다. 이러한 일이 최근 일본에서 진행 중이다.

일본 중앙은행에 개인 보통예금 잔액이 사상 최대치가 되고 있다. 이러한 개인 보유자산의 규모는 세계 최대수준이다. 하지만 이러한 예금이 안전자산에서만 뱅뱅 돌고 있는 것이 문제이다. 고령화가 심화되는 가운데 경제의 활력이 계속 떨어지면 개인의 금융자산도 머지않아 줄어들게 되고 이로 인해 국가채무의 문제도 새로운 문제가 될 가능성이 높아지게 되는 것이다. 우리나라도 일본의 전철을 어느 정도 밟고 있다는 것이 우려가 되는 대목이다.

2011년 미국중앙은행이 2년간 제로금리를 선언했다. 벤 버냉키 미국 중앙은행 의장의 입에 세계의 관심이 쏠리고 있다. 이는 2년간 불황이 계속될 것임을 선언한 것과 동일하다. 금리는 경기의 바로미터(barometer)이고, 기준금리는 정부가 쓸 수 있는 가장 중요한 거시경제정책 수단이기 때문이다. 금리인상을 2년간 미리 포기한다는 것은 대공황에 버금가는 정도의 경기침체가 예견되고 있다는 뜻으로 해석해야 하고, 그러한 해석에 의한 궁색한 조치가 내려진 것이다.

해리 마코위츠의 포트폴리오이론에서부터 모딜리아니-밀러정리 등 기존 경영학의 재무관리 및 제 이론의 가정과 전제들도 위기에 직면하거나 수많은 비판을 받고 있다. 금융의 꽃으로 불리던 파생상품은 금융 불안의 진앙지가 되어가고 있다. 공매도(쇼트셀링, short selling) 등 온갖 첨단기법들이 등장했지만 무용지물이거나 정부가 금지하기에 바빴고, 현대금융이론 교과서도 새로 써야 할 판이 되었다. 그만큼 다양한 정부의 개입은 시장의 실패에 따른 부작용을 낳고 있고, 이에 대한 해결을 모색하는 경제학자들도 혼돈에 빠진 양태를 보이고 있다.

경제초점 7-8 | 국가신용등급

미국의 스탠더드앤드푸어스(Standard & Poor's : S&P)와 무디스(Moody's Investors Service), 유럽의 피치 IBCA(Fitch International Bank Credit Analysis Inc) 같은 주요 신용평가회사들은 세계 각국을 대상으로 국가신용도의 등급을 매김으로써 경제의 수준과 대외신용도를 가늠하게 해주고 있다. 신용도를 재평가할 때면 대상국의 경제와 정치상황을 파악하고 외환보유액 등 거시경제변수와 금융동향, 정부정책 등에 관한 자료를 수집 · 분석한다.

국가신용등급(sovereign credit rating)은 한 국가의 외채상환능력을 측정하는 지표로 외화표시 장기 국채의 신용등급을 말하며, 국가의 채무이행능력과 의사가 얼마나 있는지를 등급으로 표시한 것이다.

도표 7-3 || 3개 신용평가사의 신용등급 비교표

Moody's	S&P	Fitch	
Aaa	AAA	AAA	투자등급
Aa1	AA+	AA+	
Aa2	A	AA	
Aa3	AA−	AA−	
A1	A+	A+	
A2	A	A	
A3	A−	A−	
Baa1	BBB+	BBB+	
Baa2	BBB	BBB	
Baa3	BBB−	BBB−	
Ba1	BB+	BB+	투기등급
Ba2	BB	BB	
Ba3	BB−	BB−	
B1	B+	B+	
B2	B	B	
B3	B−	B−	
Caa	CCC	CCC	
Ca	CC	CC	
C	C	C	

3개사 평가에 의한 2011년 기준 주요 국가별 국가신용등급은 다음과 같다.

도표 7-4 ‖ 주요국의 국가신용등급

국가	S&P	Moody's	Fitch
미국	AAA	Aaa	AAA
일본	AA−	A1	AA
중국	AA−	Aa3	A+
독일	AAA	Aaa	AAA
한국	A	A1	A+

경제초점 7-9 | 흔들리는 일본경제 VS 세계 1등을 향해 달리는 중국경제

선진국 일본의 예전 면모를 찾기 어려워지고 있다. 한때 워크맨 신화로 세계 전자업계를 선도했던 소니사는 3년 연속 적자에 허덕이고 있다. 일본식 종신고용의 대명사로 불렸던 파나소닉도 전체 직원의 10%가 넘는 인원을 해고하고 있다. 이른바 1등 일본(japan as number one)으로 불리던 일본의 자신감은 사라지고 있다.

일본의 고령화는 매우 심각한 경제문제를 야기하고 있으며 단카이 세대의 은퇴가 본격화되면서 노후복지재정지출의 압박이 심화되고 있다. 일본 산업들은 갈라파고스라고 명칭되는 한계상황에 직면해 있다. 국제표준과 무관한 일본국민만의 독특한 소비성향으로 인해 일본경제는 경쟁력을 잃어가고 있는 것이다. 일본은 국내총생산 대비 국가채무비율이 180%를 웃돌아 선진국 최고수준에 이르고 있다.

미국 경제조사기관인 컨퍼런스보드는 실질적인 가계소비 등을 나타내는 구매력 평가기준으로 보면 중국경제가 2012년 미국경제를 추월할 수도 있다는 전망도 나와 있다. 지난 10년간 약 10%의 고성장을 지속해온 중국은 미국경제가 2% 내외의 성장에 머무르는 것과 비교되고 있다. 하지만 이러한 고성장을 이루기 위해서는 자산버블과 높은 수준의 인플레이션 등의 문제를 해결해야 할 것이다.

2012년 중국은 안정 중에 발전을 추구한다는 기조하에 구조조정, 화폐정책, 부동산시장, 실물경제, 제세개혁, 농촌문제해결 등의 과제를 중점적인 경제이슈로 들고 있다.

4 국가부도 위험 CDS 프리미엄

2008년 미국발 세계금융위기 때 언론에 가장 많이 오르내린 경제 전문용어 중 하나가 신용부도스와프(CDS : Credit Default Swap)이다. CDS는 기업이나 국가의 부도위험 자체를 사고팔 수 있도록 만든 파생금융상품이다. 거래 당사자 중 한쪽이 상대방에게 연간 수수료를 주는 대신, 특정 기업이 부도나거나 채무가 불이행될 경우 상대방으로부터 보상을 받는다. 이 상품을 통해 부도위험이 은행에 집중되는 것이 아니라 여러 투자자들에게 분산되는 장점이 있다.

CDS 가격을 결정하는 데 재정수지가 중요한 영향을 준다. 재정이 불안하면 CDS 프리미엄이 뛰고, 이에 따라 국채금리가 오르기 때문에 견실한 재정이 중요한 것이다. CDS 프리미엄이란 CDS라는 일종의 보험상품에 가입하는 비용, 즉 보험료를 말한다. 이것이 오른다는 것은 그만큼 시장에서 부도위험이 커졌다고 간주한다는 의미가 된다. 그러므로 국가 CDS 프리미엄이란 각국 정부가 발행한 국채가 부도가 났을 때 손실을 보장해주는 CDS의 보험료를 말한다. 이는 국가신용등급과 마찬가지로 국가의 신용도를 반영하며, 국제금융시장에서 해외투자자들이 각국의 신용위험 수준을 평가하는 데 중요한 기준이 된다.

국가 CDS 프리미엄이 급등할수록 투자자들이 해당 국가의 채권 매수를 꺼리기 때문에 채권값은 떨어지고, 결국 해당정부가 외화자금을 조달하는 비용이 늘어나게 된다. 국가 CDS 프리미엄이 상승하면 해당 국가의 기업이나 금융회사가 자금을 조달하는 비용 역시 올라간다. 그뿐만 아니라 해외투자자들의 불안심리를 부추겨 국내 금융시장에 들어온 해외자금이 대규모로 유출될 수 있다.

경제초점 7-10 | CDS 프리미엄과 경제성장률

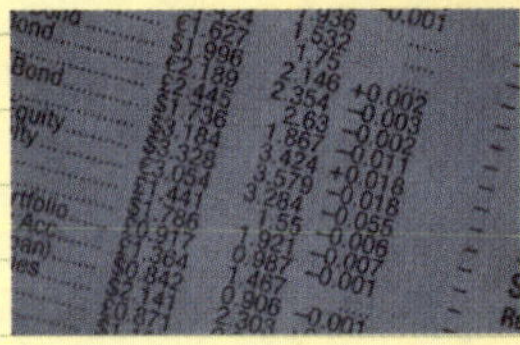

CDS 프리미엄과 주요 경제변수 간의 상관관계를 분석해 보면, CDS 프리미엄과 가장 높은 연관성을 보인 경제변수는 경제성장률이다. 경제성장률과 CDS 프리미엄이 상관관계는 −0.79였다. 즉 경제성장률이 높아지면 CDS 프리미엄이 내려가고 반대로 경제성장률이 낮아지면 CDS 프리미엄이 상승한다는 것이다. 한 국가의 거시경제 여건이 양호할수록 대외 채무를 갚지 못할 가능성이 낮아지기 때문이다. 따라서 경제변수와 CDS 프리미엄의 상관관계가 가장 크면 1, 부의 상관관계가 가장 크면 −1이며, 0에 가까울수록 상관관계가 작아진다는 것을 뜻한다.

CHAPTER

08 물가와 인플레이션

1 물가

거시경제에서 가장 중요한 문제는 인플레이션과 실업이다. 인플레이션을 측정하는 데 사용되는 물가는 개별상품의 가격을 거래량으로 가중평균한 물가지수이다. 인플레이션이 진행되면 화폐가치가 하락하여 실질구매력이 떨어지고, 화폐임금소득자들의 실질소득이 감소하는 등 경제에 커다란 해악을 초래한다.

개인이 이용하는 모든 재화와 서비스의 가격은 오르기도 하고 내리기도 한다. 가격은 개별상품이나 서비스의 가치이며, 물가는 상품이나 서비스의 가격을 종합적으로 평균한 가치이다. 이러한 물가는 소비자물가지수와 생산자물가지수로 계산된다. 소비자물가지수(Consumer Price Index : CPI)는 기준되는 시점의 물가수준을 100으로 했을 때 비교시점의 물가와 비교한다. 공식은 다음과 같다.

물가지수=(비교시점의 물가/기준시점의 물가)×100

그러므로 특정 해의 물가지수가 110이라면 기준연도에 비해 평균적인 물가수준이 10% 상승하였다는 뜻이다. 이러한 물가지수는 상품별로 중요도에 따라 가중치를 달리 적용하여 평균하는 방식으로 계산하는데, 가중치는 보통 상품의 거래액을 기준으로 한다.

한국은행에서 작성하는 생산자물가지수(Producer Price Index : PPI)는 기업과 기업 간의 거래에서 형성되는 모든 상품의 가격변동을 측정하는 지표이다. 국내제품은 생산자 판매가격을, 외국제품은 수입업자 판매가격을 기준으로 계산하고, 계산이 불가능한 경우에는 중간도매상 판매가격으로 계산하기도 한다. 이러한 지수는 다른 물가지수에 비해 조사대상 범위가 넓고 전반적인 상품의 수급동향을 반영한다는 점에서 일반물가수준을 잘 알려주게 된다.

소비자물가지수와 생산자물가지수 이외 쓰임새에 따른 지수들이 있다. 그러나 통화정책의 운영에 있어서 인플레이션 지표로 이용되는 근원인플레이션(underlying inflation)이 있다. 이는 소비자물가를 구성하는 품목 중에서 식료품이나 에너지처럼 가격이 급변하는 품목들을 제외한 후 구한 물가상승률이다. 이밖에도 GDP 디플레이터가 있다. 이는 명목 GDP를 실질 GDP로 나누어 얻은 값을 백분율로 구한다.

도표 8-1 || 물가지수 종류

구분	작성기관	조사대상품목	작성목적
소비자 물가지수	통계청	쌀, 옷, 교통비 등 소비를 위해 구입하는 상품과 서비스품목	가계의 평균생산비 및 구매력의 측정
생활 물가지수	통계청	소비자물가 구성품목 중 구입빈도와 지출비중이 높은 생활필수품	소비자가 피부로 느끼는 장바구니물가 또는 체감물가 측정
생산자 물가지수	한국은행	국내에서 생산되어 출하된 상품과 서비스로 기업 상호간에 거래가 이루어진 품목	전반적인 상품과 서비스의 수급동향 파악
수출입 물가지수	한국은행	수출 및 수입규모가 큰 상품	수출입상품과 가격변동이 국내물가에 미치는 영향과 수출입상품의 원가변동 측정

경제초점 8-1 | 시장바구니물가와 지수물가는 왜 다른가?

정부에서 발표하는 다양한 지수물가와 실제로 시장에서 느끼는 주부들의 시장바구니 물가는 왜 다르게 느껴지는 것일까?

가계에서 소비하는 품목들이 다른데 그 이유가 있다. 대학진학 자녀를 둔 소비자의 경우 대학등록금 등이 교육비가 부담되면서 물가가 올랐다고 인지할 수도 있다. 하지만 지수물가는 여러 가지 상품을 일정한 기준에 따라 종합한 평균적인 가격수준이기 때문에 자신이 구입한 등록금 혹은 교육비에 대한 체감물가는 주관적인 느낌으로 상당하게 올랐다고 느낄 수 있는 것이다.

생활수준이 나아지거나 자녀가 성장하면서 동반하여 지출되는 소비가 늘어난 것을 물가가 오른 것으로 착각할 수도 있을 것이다. 또한 사람들은 적게 오르거나 하락한 품목보다는 많이 오른 품목을 중심으로 물가변동을 생각하는 심리적 경향을 갖다. 이러한 사유로 인해 지수산출 시 활용하는 품목의 제한성, 후행편입도 한목 한다고 볼 수 있다. 그래서 전체 물가가 별로 변동이 없어도 상승한 것으로 보며 항상 많이 오른 것으로 착각하기도 하는 것이다.

경제초점 8-2 | 소비자물가지수 산출품목의 제한성

소비자물가지수를 산출하는 데 쓰이는 가장 일반화된 공식은 상대가격의 가중치를 통해 산술평균을 구하는 것이다. 각 상품의 상대가격에 소비자가 실제로 지출한 양을 가중한 뒤, 모든 상품의 가중치를 합해 그 합계액을 같은 상품조합에 대한 기준연도의 지출총액으로 나누는 것이다.

지출의 가중치는 지수에 포함된 모집단의 지출 가운데 각 품목이 차지하는 상대적 중요도를 반영한다. 이러한 가중치는 계속해서 신상품이 개발되고 소비 습관도 변화하기 때문에 가중치는 항상 수정된다. 2010년 기준 스마트폰 이용료와 막걸리, 삼각김밥, 등산복, 수입자동차 등은 조사품목에 추가되고 세탁비누, 금반지, 캠코더, 유선전화, 공중전화통화료, 한복, 쇠갈비 등은 빠진다. 2010년 조사항목수는 481개이다. 이는 시대별로 상품조합에 변화가 있게 되므로 주요 추가품목과 주요 탈락품목이 정해지는 것이다.

2 인플레이션

인플레이션을 설명할 때 "은행에서 돈을 빌려서 소주만 마셨는데 나중에 빈병 팔아서 은행 빚을 갚았다"라는 말이 있다. 일반적으로 화폐량이 증가하여 시중의 물가가 오르는 현상을 인플레이션(inflation)이라 한다. 인플레이션의 반대현상은 디플레이션(deflation)이다.

인플레이션이 발생하면 화폐의 구매력(purchasing power)은 떨어지고 디플레이션이 발생하면 화폐의 구매력은 올라간다. 인플레이션으로 물가가 상승하면 일정한 화폐로 구매할 수 있는 능력이 떨어져 화폐가치가 감소하게 된다. 따라서 일정한 소득으로 생활하는 사람들의 실질소득이 줄어들어 손해를 보게 된다.

은행에서 받는 이자율은 명목금리(nominal interest rate)라고 하며 물가상승률이 반영된 금리는 실질금리(real interest rate)라고 하는데, 물가가 오른 만큼 실질 소득이 줄어드는 셈이 된다. 하지만 인플레이션으로 득을 보는 상황도 생긴다. 금융자산보다는 대출을 통해 부동산과 같은 실물자산에 투자한 사람이 이득을 볼 수도 있다.

그렇다면 인플레이션을 막아야 하는 이유는 무엇일까? 우선 인플레이션을 정확히 예측한다는 것이 불가능하다. 인플레이션이 발생하면 돈의 가치가 떨어지게 되고 월급생활자나 연금수령자들의 생활은 전보다 더 어렵게 되며 부의 분배마저 왜곡시키게 되고 국제수지에도 좋지 않은 영향을 미치게 된다. 경제 전체로 보면 가계가 금융자산을 보유하고 기업과 정부는 빚을 지고 있다고 할 때 인플레이션으로 인해 가계의 부를 기업과 정부로 재분배하는 결과도 예측할 수 있다. 결국 기업은 투자에 위축되게 되고 경제성장을 위한 활동을 줄여나갈 수밖에 없게 된다.

금융기관은 대출재원 확보를 위해 금리를 인상하려 할 것이고, 금리인상은 또 다시 기업의 투자에 발목을 잡게 만든다. 만일 부동산 투기와 같은 비생산적인 방식에 몰두하게 되다보면 생산능력 저하는 일자리 부족으로 이어지게 될 것이다. 그러므로 인플레이션을 잡아 가격경쟁력을 회복하고 국제수지를 건전하게 만들려고 노력하는 것이다.

경제초점 8-3 | 인플레이션이 경제에 미치는 영향

인플레이션이 경제에 미치는 영향은, 첫째 소득분배를 봉급생활자 및 고정된 연금수입자 또는 이자수입자에게 불리하게 만들고 자본이득자에 유리하게 만드는 경향이 있다. 둘째, 채권자에게 불리하고 채무자에게 유리한 방향으로 소득 및 부의 재분배가 나타난다. 셋째, 생산적 자원을 투기적 및 비경제적 용도에 집중시킨다. 넷째, 수입을 더욱 촉진시키고, 수출을 더욱 어렵게 함으로써 국제수지를 악화시킨다. 다섯째 인플레이션 상황에서 발생하는 경제변화의 불확실성과 미래의 예측불가능성은 각 경제주체들의 미래지향적인 행동을 방해한다. 이러한 결과 정부의 통제력이 약화된다. 그러므로 인플레이션 없는 경제성장을 이루기 위해서 적정통화공급, 절제있는 재정정책, 공급능력 향상을 위한 방향제시, 교육훈련 및 잠재성장의 능력을 늘리는 정책 방향이 필요하다.

3 특수한 인플레이션

인플레이션이란 물가가 안정되지 못하고 계속해서 오르는 현상으로 물가가 오르면 살 수 있는 물건에 더 많은 돈을 지불해야 하므로 돈의 가치가 떨어지게 된다. 이런 현상의 원인에는 여러 가지가 있겠지만 크게, 비용인상과 수요견인이 있다. 비용인상으로 인한 인플레이션의 경우 생산비용이 증가하면서 재화나 서비스의 가격이 상승하기 때문에 발생한다. 수요견인으로 인한 인플레이션의 경우 재화와 서비스에 대한 수요가 급증하면서 상대적으로 부족해진 재화와 서비스의 가격이 상승하게 된다.

디플레이션은 물가가 지속적으로 하락하는 현상으로 실물자산의 가치도 함께 하락하게 되는 현상이다. 이런 현상의 원인은 생산물의 과잉공급, 자산의 버블 붕괴, 과도한 정부의 통화긴축정책 및 기업의 생산성 향상 등이다.

스태그플레이션은 경제불황 속에서도 물가가 상승하는 현상으로 경기침체를 뜻하는 stagnation과 물가상승을 뜻하는 inflation의 결합으로 생겨난 용어이다. 국민소득이 감소하는 경기침체 속에서 물가가 상승하는 인플레이션이 동시에 발생하기 때문에 실업률과 물가상승률 모두가 증가하게 된다. 예를 들어 원유가격이 폭등하게 되면 물가상승을 유도하게 되고 산업재에서 원료로 쓰이는 원유의 급격한 가격상승이 생산에도 부정적인 역할을 하는 경우를 들 수 있다. 또한 에그플레이션(agriculture inflation)은 농업을 의미하는 단어와 물가상승을 의미하는 단어가 합쳐진 것으로 농산물가격이 올라 일반물가도 덩달아 오르는 현상을 이르는 인플레이션이다. 최근에는 베지플레이션(vegaflation)이라는 신개념의 용어도 탄생했다. 이는 채소값이 급등하면서 인플레이션이 발생하는 현상을 의미한다.

경제초점 8-4 | 유고슬라비아의 초인플레이션

유고슬라비아에서 초인플레이션이 발생했다. 유고슬라비아에서 1991년 117.8%였던 인플레이션이 2년 뒤에 1.16×1014로 폭등을 한 것이다. 이를 막기 위해 막대한 통화발행이 이루어졌지만 초인플레이션을 막지 못했다. 재정적자가 1991년 13%에서 1993년 34.3%로 크게 증가하면서 GDP 증가율이 마이너스로 곤두박질 쳤다. 1994년 1월 인플레이션 313백만%를 기록하고, 화폐는 58백만% 평가절하되었다. 결국 1994년 2월에 화폐개혁과 재정개혁의 조치를 내릴 수밖에 없었다.

인플레이션의 영향을 이야기할 때 소주병 이야기를 한다. 어떤 사람이 은행에서 돈을 빌려서 소주를 계속 사먹고 빈병을 쌓아두었는데, 한참 후에 소주병을 팔아서 은행 빚을 갚고도 남았다는 우스갯소리가 있다. 인플레이션이 있을 때는 은행에서 돈을 빌린 채무자가 채권자보다 유리한 상황에 놓일 수도 있다는 얘기다.

CHAPTER 09

경기변동과 실업

1. 경기변동
2. 실업률 통계의 문제점
3. 실업원인별 구분

1 경기변동

경기변동은 호경기, 공황, 불경기, 경기회복 등의 주기적인 경기순환을 지칭한다. 자본주의경제에서는 생산이나 소비와 같은 경제활동이 활발한 호경기와 그러한 경제활동이 침체되는 불경기가 수시로 발생하는데, 그러한 변동 과정을 경기변동이라 한다. 이는 일정한 주기를 두고 발생하는데 호황과 불황이 되풀이되면서 그러한 경기변동은 경제의 여러 부문에 영향을 주면 결국 한 국가를 넘어 국제적으로 파급되어 나가는 효과를 갖는다.

세계적으로 유명한 공황이 바로 1930년대 대공황이었다. 이러한 공황으로 인해 일본은 농업공황을 경험했고, 그 파급효과로 한국의 농산물가격은 폭락하여 1925년에 국내산 미가지수(米價指數)는 348.2이던 것이 1931년에는 156.5로서 55% 폭락했고, 일반 도매물가지수는 1925년에 237.8이던 것이 1931년에는 147.5로서 38%의 하락을 보인 적도 있었다.

도표 9-1 || 경기변동의 4가지 국면

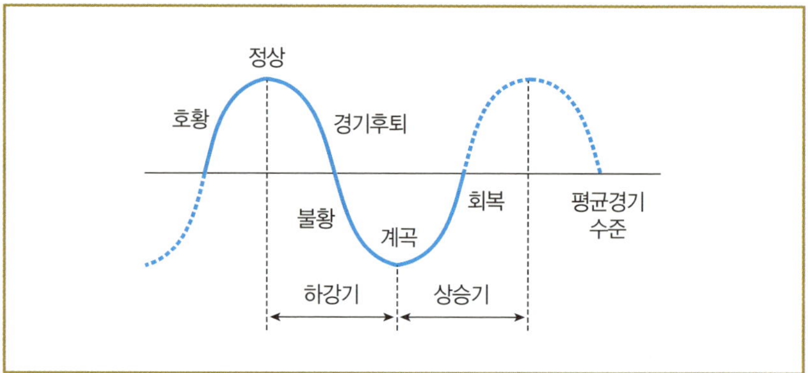

경기변동의 국면은 여러 가지 구분이 있지만 [도표 9-1]처럼 호황 · 경기후퇴 · 불황 · 경기회복의 네 국면으로 구분한다.

호황국면은 생산, 소비, 투자, 소득, 고용과 같은 경제활동이 활발하게 이루어지는 시기이다. 이러한 국면에서는 재고와 실업은 감소하며 기업이윤은 증가한다. 물가 · 주가 · 임금 그리고 이자율도 오른다. 호황이 지속되다 정상에 도달하면 그 뒤 경제는 전반적인 경기후퇴국면으로 접어든다.

경기후퇴국면에서는 생산 · 소비 · 투자 · 소득 · 고용 등이 감소하고 재고와 실업이 증가하기 시작하며 기업이윤은 감소한다. 물가 · 주가 · 임금 · 이자율 등도 오름세가 그치고 내림세로 반전한다. 경기후퇴가 심화되는 국면을 불황이라고 한다.

불황국면에서는 생산 · 투자 · 소비 · 소득 · 고용 등이 계속 감소하며 기업이윤은 갑자기 줄어든다. 이에 따라 기업운영이 어려워지고 물가 · 주가 · 임금 · 이자율 등이 하락하여 낮은 수준에 머무른다. 불황이 진행되어 가장 낮은 밑바닥까지 도달하면 경기는 경기회복국면에 접어든다.

경기회복국면에서는 충분히 낮은 이자율이 투자 및 소비수요를 유발시켜 생산 · 고용 · 소득 등이 상승하기 시작하고, 뒤따라 물가 · 임금 · 이자율도 완만한 상승세를 보인다. 경기회복과정에서 기업이윤도 따라서 증가한다. 경기회복국면이 진행되어 평균수준 이상으로 경제활동 규모가 확대되면 호황국면으로 다시 접어들어 또 다른 순환이 시작된다.

2 실업률 통계의 문제점

실업문제는 기업, 학교, 가정 등 다양한 집단의 이슈가 된다. 정부부문, 금융부문 그리고 기업부문의 구조조정이 진행되는 과정에서 고실업 및 장기실업문제가 대두되고 있는 것이다. 일할 의사와 능력을 가지고 있는 사람이 갑자기 일자리를 잃을 경우 최소한의 인간생활마저 위태롭게 된다는 측면에서 실업은 경제문제이면서 심각한 사회문제가 된다. 이는 귀중한 생산자원의 낭비라는 경제적 손실뿐 아니라 가정파탄을 초래하여 심각한 사회문제로 대두된다. 따라서 중요한 거시경제지표이기도 하다. 그런데 우리는 매스컴에서 실업률 통계의 허점을 자주 접

하게 되는데 그 이유는 무엇일까?

경제학에서 실업률 3%는 완전고용(full employment) 상태라고 본다. 이는 취업할 의사가 있어도 기회가 주어지지 않아 발생하는 비자발적 실업이 많이 존재하지 않는다는 의미이다. 그러나 실제로는 일하고 싶어 하는 사람이 많은데 일자리가 부족한 것이 사실이다. 국제노동기구(ILO)에서 정의하는 실업은 지난 주 1시간 이상의 일을 하지 않았을 것, 지난 4주 내 적극적 구직활동을 하였을 것, 지난 주 일자리가 제시되었으면 일을 할 수 있었을 것이라는 세 가지 요건을 만족해야 한다고 하고 있다. 여기에 부합되지 않으면 비경제활동인구로 분류되고 실업률 산정에서 제외되고 있다. OECD 발표를 보면 한국의 실업률은 매우 좋은데 고용률은 하위권을 차지한다. 직장을 구하지 못해 아예 구직을 포기하는 사람들이 실업률 계산에서 제외된 것이다.

그러므로 사실상 실업자 혹은 취업애로계층 수를 집계하여 이를 지표로 삼아야 한다. 취업애로계층이란 정부가 매달 공식 발표하는 실업자에다 비경제활동인구 중 취업의사와 취업능력이 있는 사람의 수를 더한 뒤 1주에 36시간 미만 단시간으로 일하는 근로자 중 추가로 취업을 희망하는 사람을 합산한 개념이다. 이것으로 진짜 실업률을 가늠해야 정확한 통계가 되는 것이다.

경제초점 9-1 | 생산가능인구의 체계

통계청에 의하면, 2011년 11월 현재 국내 15세 이상 인구는 4,120만 8,000명으로 전년동월 대비 45만 2,000명(1.1%) 증가하였다. 그 중 경제활동인구는 2,531만 8,000명으로 전년동월 대비 47만 2,000명(1.9%) 증가하였다. 취업자는 2,458만 9,000명으로 전년동월 대비 47만 9천 명(2.0%) 증가한 것으로 나타났다. 성별로 보면 남자는 1,434만 명으로 전년동월 대비 26만 8,000명(1.9%) 증가하였고, 여자는 1,024만 8,000명으로 21만 1,000명(2.1%) 증가하였다. 연령계층별로 보면 20대와 30대를 제외한 연령층에서 증가하였다.

산업별 취업자의 전년동월 대비 증감을 살펴보면 사업 · 개인 · 공공서비스업 등(25만 4,000명, 3.1%), 전기 · 운수 · 통신 · 금융업(16만 2,000명, 5.7%), 도소매 · 숙박음식점업(10만 명, 1.8%) 등에서 증가한 반면, 제조업(−8만 5,000명, −2.1%), 농림어업(−1만 2,000명, −0.7%) 등에서는 감소하였다.

한편 실업자는 73만 명으로 전년동월 대비 8,000명(−1.0%)이 감소하였다. 성별로 보면 남자는 46만 7,000명으로 전년동월 대비 1만 8,000명(−3.7%) 감소하였고, 여자는 26만 3,000명으로 전년동월 대비 1만 명(4.0%) 증가하였다. 또 실업률은 2.9%로 전년동월 대비 0.1% 하락한 것으로 나타났다. 취업준비자는 53만 명으로 전년동월 대비 6만 5,000명(−11.0%) 감소하였고, 비경제활동인구 중 구직단념자도 17만 8,000명으로 전년동월 대비 3만 3,000명 감소하였다.

3 실업원인별 구분

실업의 원인에는 마찰적 실업, 구조적 실업, 경기적 실업, 계절적 실업으로 구분된다([도표 9−2] 참조).

도표 9-2 ‖ 실업의 원인

구분	원인
마찰적 실업	근로자와 기업의 일자리 탐색 과정에서 발생하는 실업
구조적 실업	자동화 또는 새로운 산업이 요구하는 기술의 부족으로 직장을 잃게 되면서 발생하는 실업
경기적 실업	경기의 좋고 나쁨에 따라 발생하는 실업
계절적 실업	건설업이나 농업에 종사하는 근로자가 겨울철 추위로 일을 할 수 없게 되는 경우 발생하는 실업

우선, 마찰적 실업(frictional unemployment)이란 직업을 바꾸는 과정에서 일시적으로 실업상태에 있게 되는 경우나 새로운 지역으로 이사하여 새 직장을 찾는 과정에 있거나 혹은 학교를 졸업하고 일자리를 찾기 위해 한 동안 여러 직장을 옮겨 다니는 과정에 있는 탐색적 실업상태를 의미한다. 구조적 실업(structural unemployment)은 기술의 진보에 따라 기존의 기술이 불필요하게 되고 특정한 산업이 사양화됨에 따라 발생되는 기술적 실업이다. 경기적 실업(cyclical unemployment)이란 일할 능력과 현재의 임금수준에서 일할 의사를 가지고 있음에도 불구하고 일자리를 얻지 못하고 있는 상태인 비자발적 실업에 의한 형태로서 경기침체에 수반하여 발생하는 실업이다. 계절적 실업(seasonal employment)은 어떤 산업의 생산이 계절적으로 변동하기 때문에 일어나는 단기적인 실업을 의미한다.

경제초점 9-2 | 쉬었음

20대 100명 중 5명꼴 '니트(NEET : Not in Education, Employment, Training)족'이 증가하고 있다. 심신이 멀쩡하지만 일은 물론 취업준비도 하지 않는 순전히 쉬는 사람이 200만 명을 넘어서고 있는 것이다. 생산가능인구(15~64세)의 4.5%(159만 명)까지 육박하는 수준이어서 우리나라 성장동력 저하가 우려되고 있다. 통계청에 의하면, 아무것도 하지 않고 마냥 쉰 '쉬었음' 인구는 201만 5,000명이나 된다. 비(非)경제활동인구에 속하는 쉬었음은 '큰 질병이나 장애가 없으나 퇴직 등으로 지난 1주간 쉬는 상태인 사람'을 뜻하는 말이다. 그동안 많지 않았던 20~30대 쉬었음 인구가 최근 증가했다는 것은 대학을 나오고서도 일자리를 구하지 못한 사람이 많아지고 있다는 뜻으로 청년 일자리 창출이 사회적으로 중요하다는 점을 시사하고 있다.

경제초점 9-3 | 고용의 효과

우리 사회의 3대 복지공급자를 말할 때 가계, 기업, 국가를 뽑을 수 있다. 이 중에서 기업의 고용효과가 복지충당에 상당함을 나타내는 좋은 예를 소개하고자 한다.

4대 사회보험 징수액과 과세자료 등을 토대로 고용이 복지에 미치는 효과를 분석한 한국경제신문 자료에 의하면 고용 1명 증가할 때 복지재원 508만 원이 확충됨을 알 수 있다. 세부 항목별로 보면 고용 1명에 4대보험(국민연금, 건강보험, 고용보험, 산재보험) 평균 405만 원, 근로소득세재원 103만 원이라는 숫자가 나온다. 즉 기업이 고용 1명을 늘리게 되면 연간 508만 원의 재정충당효과가 발생한다는 뜻이다. 과연 '일자리가 최고의 복지'라고 말할 수 있는 대목이다.

CHAPTER 10

국제수지와 환율

1. 국제수지
2. 환율
3. 외환보유액의 활용

1 국제수지

국제수지(balance of international payment)란 1년간 한 국가에 거주하는 사람과 다른 국가에 거주하는 사람 사이에 이루어진 모든 경제적 거래를 총칭한다. 일반적으로 국제수지란 경상수지를 말한다. 한 국가에 거주하는 사람과 다른 국가에 거주하는 사람이란 국적과 관계없이 경제활동의 본거지가 그 나라의 사람 및 법인들과 모든 여타 세계의 사람 및 법인들 사이에 전개되는 거래라는 중요한 의미를 갖는다. 예를 들어 한국에 거주하는 미국인이나 한국에서 영업 중인 영국투자기업은 다른 나라 사람이나 법인이 아닌 우리나라 사람으로 분류된다.

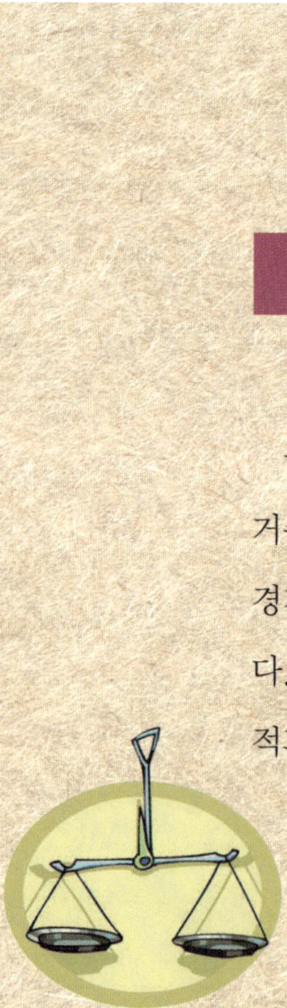

국제수지는 경상수지, 자본수지, 금융계정으로 구성된다. 경상수지는 다시 상품 및 서비스수지, 소득수지, 경상이전수지로 분류되고, 자본수지는 투자수지, 기타자본수지로 구분된다. 상품 및 서비스수지, 소득수지, 경상이전수지를 합하여 경상수지라 하고 경상수지가 적자가 되면 이미 보유하고 있는 외화자산을 처분하여 어느 정도까지는 충당할 수 있지만 적자가 누적되면 보유외화자산만으로는 감당할 수 없게 된다.

[도표 10-1]은 일반적인 국제수지표의 구성을 보여준다.

도표 10-1 || 국제수지표의 구성

경상수지	자본수지
상품 및 서비스수지 1. 상품수지 상품수출(FOB) 상품수입(FOB) 일반상품수지 가공용 재화수지 운수조달 재화수지 2. 서비스수지 서비스수입 서비스지급 운수수지 여행수지 건설서비스수지 보험서비스수지 특허권 등 사용료수지 **소득수지** 1. 소득수입 2. 소득지급 3. 급료 및 임금수지 급료 및 임금수입 급료 및 임금지급 4. 투자소득수지 투자소득수입 투자소득지급 **경상이전수지** 1. 경상이전수입 2. 경상이전지급 3. 일반정부경상이전수지 4. 기타부문경상이전수지	**투자수지** 1. 직접투자수지 해외직접투자 외국인직접투자 2. 포트폴리오투자수지 내국인투자(자산) 지분증권(주식) 부채성증권(채권) 외국인투자(부채) 지분증권(주식) 부채성증권(채권) 3. 파생금융상품수지 파생금융상품자산 파생금융상품부채 4. 기타투자수지 내국인투자(자산) 대출 장기대출 단기대출 현금 및 예금 외국인투자(부채) 차입 장기차입 단기차입 현금 및 예금 **기타자본수지** 1. 자본이전수지 2. 비생산비금융자산취득 및 처분(특허권 등)

국제수지가 적자가 되면 외화의 유입보다는 유출이 많다는 의미가 되므로 외화가 부족하게 된다는 뜻이다. 이때 외국으로부터 달러를 빌려 적자를 메워 나가게 되는데, 이처럼 외화가 들어오고 나가는 거래를 자본수지라 한다. 이러한 국제수지 적자는 그 국가의 경제상태의 취약성을 암시해주기 때문에 다른 나라에게 부정적 이미지를 심어주게 된다.

그렇다고 국제수지 흑자가 국민경제의 건전한 운용을 위해서 반드시 좋은 것만은 아니다. 흑자가 될 경우 국내로 유입된 외화가 국내통화로 교환됨으로써 국내통화량이 증가하게 되고, 이러한 증가는 국내물가를 상승시키고 결국 가격경쟁력의 약화로 이어져 수출이 감소되기도 한다. 그러므로 한 국가의 물가안정과 성장을 위해서 국제수지의 균형이 중요한 것이다.

경제초점 10-1 | 경상수지와 자본수지

자본수지는 은행이나 정부 등 공공기관에서 이루어지는 금융자산의 국제적인 거래를 기록하는 것이라 할 수 있다. 자본수지는 외화자금의 대차거래이며 경상수지와는 불가분의 관계에 놓인다. 예를 들어 경상수지가 적자인 상황, 즉 물건을 팔지 못하고 계속 사오기만 할 때 돈이 있어야 살 수가 있는 것처럼 돈을 빌리게 되는데, 빌리는 과정에서 자본수지는 흑자가 된다. 자본수지는 돈을 빌려오는 것과 돈을 투자받는 것으로 구성되는데 일반적으로 경상수지가 흑자이면 자본수지는 적자, 경상수지가 적자이면 자본수지는 흑자가 되는 상관관계를 보인다.

경제초점 10-2 | 교역조건

교역조건이란 한 국가의 수출품 1단위와 교환되는 외국으로부터의 수입품 단위와의 교환비율이다. 즉 상대국 간에 있어 수출상품과 수입상품을 서로 교환하는 비율이다. 따라서 한 국가의 수출품 1단위와 교환되는 수입품의 양이 증가한다면 교역조건은 유리해졌다고 하고, 교환되는 수입품의 양이 감소한다면 교역조건은 불리해졌다고 한다.

2 환율

환율(exchange rate)이란 두 나라 화폐의 상대적인 교환비율을 의미한다. 외국화폐 한 단위 구입하는 데 소요되는 자국화폐의 수량이라 할 수 있다. 대외거래에 이용되는 가격이 환율이다. 달러화에 대한 원화환율은 1달러를 사기 위해 필요한 원화의 수량이다.

환율변동은 외환에 대한 수요와 공급의 변화에 의하여 발생하며 국내소득수준, 물가수준, 이자율수준, 국제수지, 국내정치상황 등도 환율변동에 영향을 미친다. 환율하락은 자국통화의 가치가 외국통화의 가치보다 올라가는 자국통화의 평가절상(depreciation) 현상이다. 이는 한 나라의 경제가 안정되고 국제수지 흑자가 증가되면 일반적으로 나타나는 현상이다. 환율 1달러가 1,200원에서 1,000원으로 변동되었을 때, 환율하락이 되었다고 하며, 달러화 대비 원화가치가 그만큼 평가절상되었다고 한다. 이는

대외수출이 줄고 수입이 늘어나는 현상으로 연결되는데 외국시장에서 국내로 들어오는 수입품의 가격이 저렴해지기 때문이다. 이와 반대로 환율이 1달러에 1,000원에서 1,200원으로 변동되면 환율상승이라고 하며 달러화 대비 원화가치는 하락하여 평가절하되었다고 한다. 이러한 평가절하의 상태에서는 대외수출이 늘어나게 된다.

경제초점 10-3 | 환율변동

환율이 외환의 수요와 공급에 의해 외환시장에서 자유롭게 결정되도록 방임하는 제도가 자유변동환율제도이고, 중앙은행이나 정부가 이에 개입하여 환율을 고정하는 제도를 고정환율제도라 한다. 이에 대한 비교는 다음과 같다.

도표 10-2 || 환율제도의 비교

구분	고정환율제도	변동환율제도
개념	정부 또는 중앙은행이 환율을 일정하게 유지	외환시장에서 외환의 수요와 공급에 의해 환율이 결정
국제수지불균형	자동조절기능이 없음, 통화량 변화(금융정책)를 통하여 조정	환율변동에 의해 자동적으로 조정(장점)
국제자본거래	환율이 안정적이므로 국제거래가 활발히 일어남	환위험에 의해 침체됨
투기적 단기자본	환율이 안정적이므로 환투기의 이동이 적음	환율이 불안정하므로 환차익을 노리는 환투기의 이동이 많음
정책효과	재정정책(효과적)이나 금융정책은 무력하다	금융정책(효과적)이나, 재정정책 무력하다
외환준비금	다량 필요	소량 필요
환율변수	외생적 변수(정부의 정책변수)	내생적 변수(시장에서 조정됨)
금융정책 자율성	자율성 상실	자율성 유지

환율은 외환시장에서 수요와 공급의 변화에 따라 변동된다. 외환에 대한 수요가 증가하거나 공급이 줄어들면 환율이 상승하고, 외환에 대한 수요가 줄어들거나 공급이 늘어나면 환율은 하락한다.

경제초점 10-4 | 기러기 아빠와 환율

가족을 외국에 둔 기러기 아빠는 TV에서 매일 발표되는 원 · 달러 환율에 유독 관심이 많을 수밖에 없다. 더불어 국제전화 싸게 거는 법, 유용한 스마트폰 애플과 활용법, 해외송금에서 유리해지는 법, 선물환 계약하는 법, 외화통장 활용하는 법 등 배워야 할 것들도 덩달아 많아진다. 특히 환율변동이 심화될 경우 희비가 엇갈리게 되는데, 환율변동으로 수출업체가 비상이고 수입업체가 여유를 가질 수도 있고, 그 반대일 수도 있다.

원화 환율은 왜 오르고 내릴까? 환율은 일반상품 가격과 마찬가지로 시장에서 외국통화에 대한 수요와 공급에 의해서 결정되는데, 외국통화의 수요가 공급보다 많으면 외국통화의 가치가 높아져서 환율이 오르게 되고, 반대로 공급이 수요보다 많게 되면 환율이 내리게 된다. 원화환율이 상승하면 우리나라 수출품의 가격경쟁력이 상승하는데, 원 · 달러 환율이 달러당 1,000원에서 1,100원으로 상승하면 수출품의 달러가격을 약 10% 낮춰도 똑같은 원화금액을 받을 수 있게 된다. 외화예금을 갖고 있거나 외국 주식에 투자한 개인의 경우에도 환율상승으로 이득을 볼 수 있다. 그렇지만 환율상승은 우리 생활에 부정적인 영향을 주는데, 환율상승으로 인해 전반적인 국내물가가 상승할 수 있고, 우리가 직접 소비하는 수입품은 물론 원유 등 수입원자재의 국내가격이 상승하면서 국내에서 생산되는 제품의 가격도 상승하게 된다. 또한 해외여행이나 유학에 필요한 자금 부담이 증가하고, 외화를 빌린 경우에는 원화로 환산한 부채 규모가 커지면서 상환에 어려움을 겪을 수도 있다.

물가와 환율 간에는 어떤 관계가 있는가? 일반적으로 수입물가는 소비자물가에 직접적인 영향을 주고, 수입물가는 환율에 직접적인 영향을 받는다고 알려져 있다. 환율이 상승하면 외국에서 들여오는

물건 가격이 변하지 않는다 하더라도 원화로 환산한 가격은 상승하게 되고 수입물가도 오른다.

예를 들어 배럴당 100달러인 원유를 도입한다고 할 때 환율이 달러당 1,200원이면 원유가격은 배럴당 12만 원이지만 환율이 1,300원이 되면 배럴당 13만 원이 된다. 이처럼 환율변동으로 수입물가가 변하는 것은 일부품목에 영향을 주는 것이 아니라 수입품 전체에 일괄적으로 힘이 작용한다는 점에서 물가에 미치는 영향이 더 크다고 할 수 있다. 따라서 환율의 안정과 물가의 안정은 상호 영향을 주는 관계임을 알 수 있다. 그러므로 환율조정을 통해 물가를 안정화시키려는 단기적 노력도 기울여야 하지만 경제 펀더멘털(fundamental, 경제기초)의 강화를 통해 환율을 안정화시키는 장기적 노력도 함께 필요한 것이다.

경제초점 10-5 | 환율 1% 상승하면?

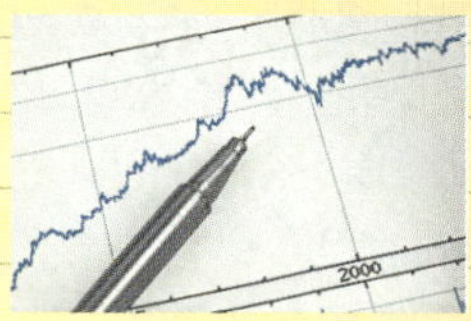

한국은행에 의하면, 미국주가가 1% 오르면 국내주가는 0.456% 상승하고, 원 · 달러 환율이 1% 오르면 주가는 0.23% 하락하는 것으로 분석됐다. 환율은 주가와 반대방향으로 움직이는 경향이 있다는 것이다. 달러를 원화로 환전해 국내 주식을 매입했다가 주식을 팔고 나서는 원화를 달러로 환전해 가져가는 외국인 투자자들의 행태 때문인 것으로 나타났다. 기준금리가 1% 오를 경우 주가는 0.02%, 아파트가격은 0.047% 각각 떨어지는 것을 보였다. 반면 소비자물가상승률, 산업생산지수, 환율 등은 아파트가격과 상관관계가 높지 않은 것으로 나타났다.

3 외환보유액의 활용

외환이란 것은 간단히 말해 외국돈을 말한다. 이러한 외국돈이 거래되는 시장이 바로 외환시장이다. 이러한 시장은 세계적으로 가장 규모가 큰 금융시장이라 할 수 있다.

달러가 기축통화로서 역할을 하고 있기 때문에 국제금융시장에서 미국달러화의 비중은 압도적이라 할 수 있다. 변동환율제체하에서의 환율은 원칙적으로 시장수급에 의해 작동되지만 각 나라의 중앙은행이 환율의 과도한 변동성을 막기 위한 다양한 노력과 시장개입을 하는 것이다. 이러한 시장개입을 스무딩 오퍼레이션(smoothing operation)이라고 한다.

우리나라는 1997년 외환위기를 겪었다. 한 나라가 일정시점에서 보유하고 있는 대외 외환채권의 총액을 외환보유액이라 한다. 이는 국제수지의 일시적인 역조를 보전하기 위한 준비 역할과 외환시장의 충격에 대한 안전판 역할을 한다. 외환위기는 외환시장에서 환율이 과도하게 출렁이면서 외국자본이 일시에 빠져나가기도 하고, 해당국가의 통화가치가 폭락하여 수입대금과 대외부채의 지급, 국민들의 해외여행 등의 혼란 등을 야기하게 한다. 이러한 사태는 인접국가에게도 영향을 주기도 하고 외국인 투자자들에게도 혼란을 야기하며, 결국 국가의 신인도에 타격을 준다.

최근 유럽 재정위기와 미국 더블 딥 가능성이 생기면서 세계경제가 심각한 위기를 맞고 있다. 우리 경제도 이에 대한 영향을 직간접적으로 받고 있다. 그러므로 정부는 일정한 외환보유액 수준을 유지하는 데 힘을 기울여야 하는데, 시장의 개입보다는 경상수지 등 실물경기의 안정을 통해 환율을 진정시키는 중요한 역할을 해야 한다.

도표 10-3 || 우리나라 외환보유액 현황[01] (단위 : 억 달러)

구분	2007	2008	2009	2010	2011
외환보유액	2,622.2	2,012.2	2,699.9	2,915.7	3,064.0
유가증권	2,317.8	1,803.8	2,488.6	2,679.3	2,779.4
예치금	299.9	201.0	163.4	189.9	202.9
SDR	0.7	0.9	37.3	35.4	34.5
IMF포지션	3.1	5.8	9.8	10.2	25.5
금	0.7	0.7	0.8	0.8	21.7

경제초점 10-6 | J커브효과

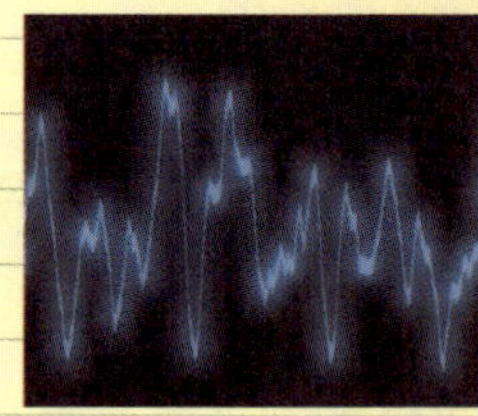

J커브효과(J-curve effects)란 미국 텍사스대학의 스테플 매기(S. Maggy) 교수에 의해 주창된 것으로, 이와 같은 현상을 그래프로 나타내면 알파벳 J곡선의 형태가 된다 하여 J커브효과라고 부르게 되었다. 이는 환율변동과 경상수지와의 관계를 나타낸 것으로, 경상수지 개선을 위해 국가가 환율상승(통화의 평가절하)을 유도하더라도 그 초기에는 경상수지가 오히려 악화되다가 상당 기간이 지난 후에야 개선되는 현상을 말한다.

환율상승 초기에는 수·출입물량에 큰 변동이 없는 반면 수출품가격은 하락하고 수입물가격은 상승함으로써 경상수지가 악화된다. 그러다가 어느 정도 시간이 흐르면 수출입상품의 가격경쟁력 변화에 맞춰 수입물량이 줄어들고 수출물량이 늘어나면서 조정효과가 나타나 경상수지가 개선된다. 일반적으로 환율조정 후 12~18개월이 지나야 경상수지가 개선되는 것으로 보고 있다.

01 2011년 12월 말 현재 기준으로 볼 때 우리나라 외환보유액의 규모는 중국, 일본, 러시아, 대만, 브라질, 스위스에 이어 세계 7위 수준이다.

| PART | 5

화폐와 금융 이해하기

Chapter 11 금융제도와 시장

Chapter 12 금융상품

CHAPTER 11

금융제도와 시장

1 금융시장의 이해

금융이란 자금의 융통, 즉 돈을 빌려주고 빌리는 행위이다. 가계, 기업, 정부 또는 금융기관 등의 경제주체들이 경제생활을 통해 여유자금이 발생하기도 하고, 부족자금이 필요해지고 한다. 여유자금이 생기면 자금을 맡길 만한 곳을 찾게 되고, 부족자금이 필요해지면

돈을 빌려올 곳을 찾는다. 이렇듯 자금공급자와 자금수요자가 모여서 거래가 형성되는 시장이 금융시장이다. 이러한 시장에서는 실물거래인 상품과 화폐가 교환되지만 금융거래에서는 화폐 이외 증권 또는 채무증서 형태로 교환된다.

화폐의 유통과 관련된 금융시장, 금융기관 그리고 이들을 규제하고 운영하는 법규 등을 모두 포함하여 금융제도(financial system)라고 한다. 금융제도가 제대로 시장에서 작동해야 국민복지 혹은 후생에도 자금이 원활하게 흐르게 되고, 기업도 투자활동이 위축되지 않

고 경제활동을 하게 된다. 여기서 금융제도의 주축은 돈의 가격인 금리라 하겠다. 이에 대해서는 다음 절에 다시 살펴본다.

금융시장에서는 화폐가 거래되는데 이때 그 화폐단위는 증권이나 채무증서라는 금융상품으로 유통된다. 금융상품에도 가격이 있는데, 이는 금리나 주가 등을 결정짓고 자금이 필요한 사람들의 신용과 수익성 등에 대한 각종 정보가 담겨져 있다. 예를 들어 기업이 사업을 하기 위해 자금을 조달해야 하는데 이때 필요한 돈을 주식 혹은 채권을 발행하여 자금을 조달할 수도 있다.

경제초점 11-1 | 경제신문 읽기

경제지식을 얻기 위해서 경제신문을 읽는 것은 매우 중요하다. 경제신문에 나오는 다양한 경제지표에 대한 분석이 선행되어야 한다는 의미가 된다. 그렇다고 꼭 경제신문만 보라는 것은 아니다. 자료, 정보, 지식을 놓치지 말라는 것이다. 대부분의 일간신문들 역시 주식시세표는 가지고 있다. 이 표는 증권거래소 등에서 거래되는 주식에 관한 다양한 정보[01]를 수록하고 있다. 이 외에도 살펴볼 개별기업의 재무상태, 기업의 투자현황, 호재 및 악재 등 살펴볼 지표는 매우 많다.

그렇다면 남다른 정보를 입수하기 위해서 어떤 자료들을 분석해야 하는가? 산업과 국제 면에 증권정보의 보물이 숨어 있다는 점을 알아야 한다. 따라서 관련 기사를 스크랩하고 메모하는 것이 중요하다. 인터넷을 통해 미리 정보에 접근하는 습관도 좋다.

---

01 주식을 발생한 회사의 이름을 종목이라는 이름으로 종목별 고유 코드번호를 부여하고 있다. 코드 옆에 붙어 있는 알파벳은 주식의 액면가를 구분하는 기호이다(A=100원, B=200원, C=500원, D=1,000원, E=2,500원, 무표시=5,000원). 주가는 주식시세표에서 가장 중요한 정보로 주당 주식가격을 의미한다. 종가는 시장이 마치기 전 마지막으로 거래된 주식가격이며, 등락은 전일 대비 가격이 상승하거나 하락한 정도를 의미한다. 시가는 당일 중에 처음 형성된 가격이고, 최고가는 당일 중에 체결되었던 가장 높은 가격이며, 최저가는 그 반대이다. 장기적인 주가의 움직임은 최근 60일간 또는 52주 동안의 종가기준 최고와 최저가격을 알려준다. 거래량은 거래된 주식의 수를 의미한다. 다시 말해 주가보다 거래량이 더 중요한 수치가 된다. 기업의 주가를 주당순이익(EPS : Earnings Per Share)으로 나눈 것이 바로 주가수익비율(PER : Price Earning Ratio)이다. 현재의 주가가 주당순이익의 몇 배인가를 파악하는 것이다. 즉 현재주가가 수익 대비 높게 혹은 낮게 평가되어 있는지를 판단하는 지표이다.

우리나라 금융시장은 금융상품의 만기나 특징, 거래단계 및 거래장소를 기준으로 여러 유형으로 분류될 수 있다. 금융시장의 구조를 도표로 그려보면 [도표 11-1]과 같다.

거래형태가 어떠냐에 따라 직접금융과 간접금융으로 분류된다.

도표 11-1 || 우리나라의 금융시장구조

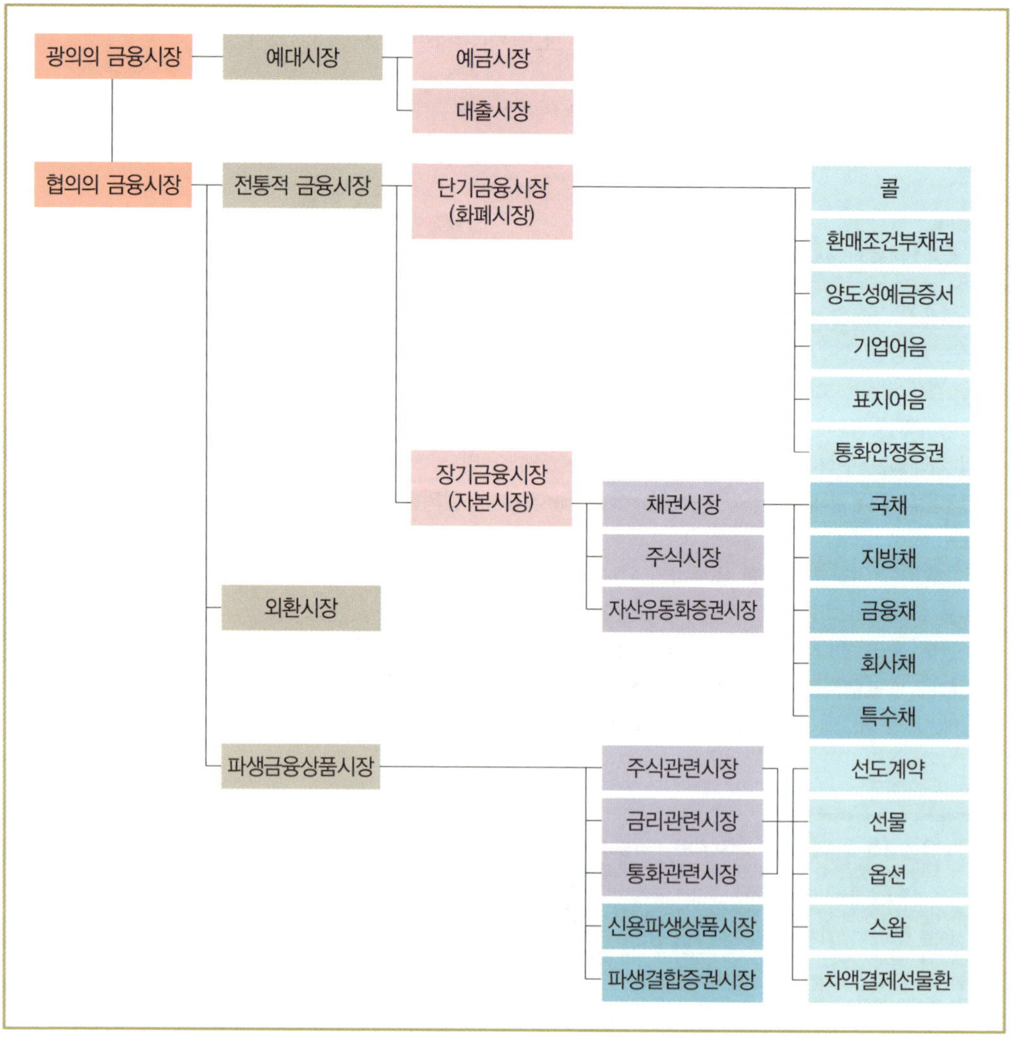

주 : 이 책에서 다루는 금융시장은 예 · 대시장을 제외한 협의의 금융시장을 대상으로 한다.

경제초점 11-2 | 한국거래소

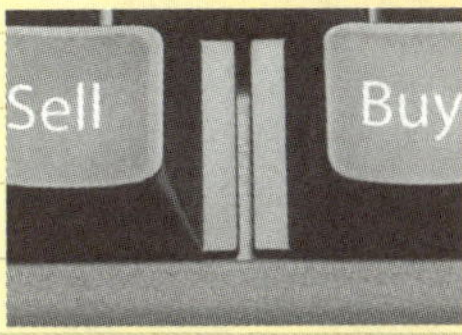

1990년대 말부터 코스닥시장의 성장과 함께 시장 간 정책 부조화의 문제점이 노출된 데다 거래소가 투자재원 조달의 원활화 및 지속적인 시장혁신을 도모하기 위해서는 국제추세에 맞추어 증권회사 등 유관기관들의 회원제에서 주식회사로 전환할 필요가 있다는 주장이 제기되었다. 이에 기존의 한국증권거래소, 코스닥위원회, 코스닥시장, 한국선물거래소 등의 기관을 통합한 한국거래소가 2005년 1월에 출범하기에 이른다. 통합 이후 종전의 거래소시장과 코스닥시장은 유가증권시장과 코스닥시장으로 구분되고, 거래소 상장법인과 코스닥 등록법인 구분 없이 상장법인이 되었다. 2011년 기준으로, 유가증권시장에는 781개 기업, 코스닥시장에는 1,036개 기업의 주식이 상장되어 있다.

직접금융은 자금이 풍부한 자가 자금이 필요한 자에게 발행한 주식이나 채무증서 등의 직접증권 혹은 본원적 증권을 자기위험부담하에 직접 매입하는 형태로 금융거래가 이루어지는 것이다. 이와 달리 간접금융은 은행이나 자산운용회사가 예금증서, 수익증권과 같은 간접증권을 발행하여 자금공급자로부터 자금을 조달하고 이 자금으로 자금수요자가 발행한 직접증권을 매입하는 방식이어서 자금수요자와 자금공급자 사이를 금융기관이 중개하는 형태로 금융거래가 이루어진다.

또한 거래상품에 따라 단기금융시장, 자본시장(장기금융시장),[02] 파생금융상품시장, 예금 및 대출시장, 외환시장으로 구분된다.

02 자본시장은 채권시장, 자산유동화 증권시장, 그리고 주식시장이 있다. 주식이 거래되는 시장은 발행시장과 유통시장으로 구분된다. 주식이 유통되려면 발행이 되어야 한다. 이러한 주식은 수익률, 즉 배당과 주가 변동에 의해 결정된다. 주식은 개인과 개인 사이에서의 거래일 수도 있지만 한국증권선물거래소를 통해 거래된다. 이렇게 거래되는 주식이 바로 상장주식이다. 주식거래는 실제 주식을 사고파는 현물거래 외에도 주가지수선물거래와 주가지수옵션거래가 있다. 이 거래는 KOSPI 200지수라 한다. KOSPI 200은 상장종목 시가총액의 70% 이상을 차지하는 우량주 200종목을 측정하는 종합주가지수이다.

경제초점 11-3 | 단기금융시장과 장기금융시장

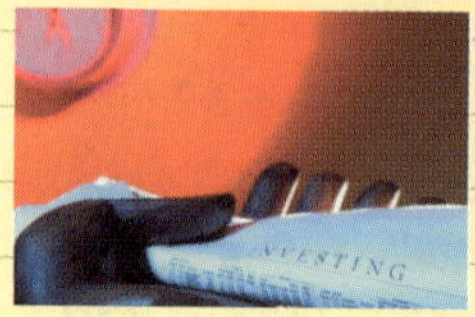

단기금융시장(화폐시장)이란 일시적으로 여유 있거나 부족한 자금, 즉 만기 1년 미만인 단기금융상품이 거래되는 화폐시장(money market)이다. 이러한 시장에 참가하는 사람들은 원금손실의 위험이 적고 시장에서 상품을 팔아 자금을 조기에 회수하여 유동성을 높이는 데 관심을 갖는다. 이러한 시장에는 콜(call), 환매조건부채권매매(RP : Repurchase Agreement), 양도성 예금증서(CD : Negotiable Certificate of Deposit), 기업어음(CP : Commercial Paper), 표지어음, 통화안정증권 등이 있다.

장기금융시장(자본시장, capital market)은 주식과 채권이 거래되는 시장으로 기업이나 정부가 자금을 조달하는 시장이면서 은행의 대출시장, 증권시장 등을 말한다. 기업의 설비자금, 정부 및 지방자치단체의 사업자금 등 장기자금이 조달되는 시장이라 할 수 있다.

도표 11-2 || 조달기간에 따른 금융시장 분류

- 단기금융시장(화폐시장)
  - 원화시장
  - 외환시장
  - 단기채권시장
  - 파생상품시장
- 장기금융시장(자본시장) — 증권시장
  - 채권시장
    - 발행시장
      - 간접발행
      - 직접발행
    - 유통시장
  - 주식시장
    - 장내시장
      - 유가증권시장
      - 코스닥시장
    - 장외시장

이러한 금융시장은 자금의 잉여부문과 부족부문에서 자금을 중개하는 기능을 갖는다. 더불어 수요자와 공급자 간의 지속적인 적정가격을 찾는 금융자산가격을 결정하는 기능과 함께 투자자들이 필요한 경우 언제든지 시장에 보유자산을 매각하여 자금을 회수할 수 있기 때문에 자금유동성을 확보하는 기능도 한다. 금융시장은 탐색이나 정보를 탐색하는 비용이 발생하게 되는데 이러한 비용과 시간도 줄여주는 역할을 담당한다. 하지만 시장에는 항상 위험이 있게 마련이다. 그러므로 시장참가자들에게 다양한 금융상품과 금융거래 기회를 제공하면서 위험을 관리하게 해주고 그러면서 기업과 정부에 의해 시장을 감시하고 평가하는 기능도 주요한 역할이 된다.

경제초점 11-4 | 파생금융상품

금융기관이나 외국과의 무역에 종사하는 기업의 경우 금리나 환율로 인한 위험이 높을 수밖에 없다. 이러한 위험을 피하기 위해서 고안된 것이 파생금융상품(financial derivatives)이다. 이는 환율, 금리, 주가의 변동으로 인한 기초금융자산 및 부채의 가치가 달라짐에 따른 위험을 회피하기 위한 새로운 금융상품이 파생되었다고 하여 붙여진 이름이다. 대표적으로 선물(future), 옵션(option), 스왑(swap)을 들 수 있다.

선물은 미래의 정해진 시점에 특정한 가격으로 사고 팔기로 미리 약속하는 거래이다. 옵션은 미래의 일정시점 또는 기간 동안 미리 약속한 가격으로 주식, 채권, 환율 등을 사거나 팔 수 있는 권리만 부여한 계약이다. 스왑은 두 개의 금융자산 또는 부채에서 파생되는 미래의 현금흐름을 교환하기로 하는 계약이다.

주식연계상품으로서 고정금리상품인 ELD(Equity-Linked Deposit)와 실적배당상품인 ELS(Equity-Linked Securities), 공모주펀드나 배당주펀드, 해외펀드, 실물자산을 주요 운용대상으로 하는 금펀드, 선박펀드와 부동산경매펀드, 영화펀드, 적립식펀드 등의 상품도 파생되고 있다.

2 금융기관 역할 및 개요

금융기관은 자산전환, 위험분산, 금융서비스 제공 등의 역할을 수행한다.

첫째, 일반적으로 자금수요자는 채무증서와 같은 직접증권의 발행을 통해 자금을 조달하고 운용하려고 한다. 하지만 이들이 발행한 증권은 금액, 만기, 형태에 있어서 자금공급자의 요구조건에 있어 차이를 보인다. 즉 자금공급자는 자금을 높은 이자로 단기간 빌려주고자 하고 자금수요자는 장기간 낮은 이자로 돈을 쓰려고 한다. 이때 금융기관은 자금공급자의 욕구에 맞는 증서와 같은 간접증권의 발행을 통해 자금공급자의 잉여자금을 흡수하는 한편 자금수요자가 발행한 직접증권을 매입하게 된다. 이러한 과정을 자산전환과정이라 한다. 이 과정을 통해 서로의 요구를 충족시키고 원활한 금융거래가 이루어지도록 한다.

둘째, 금융기관은 직접증권과 간접증권을 계속해서 매매하고 많은 증권을 거래하므로 자금의 수요자나 공급자에게 존재하지 않는 거래비용을 낮출 수 있게 해준다. 투자자들의 자금을 흡수하여 이를 다양한 직접증권에 투자함으로써 분산된 포트폴리오를 구성하여 고객에게 제공하게 됨으로 위험을 분산시켜 줄 수 있다.

셋째, 금융기관은 개인을 대신하여 자산관리를 대행하기도 하고 각종 결제서비스를 제공함으로써 금융상품을 통한 자금의 교환뿐 아니라 고객의 수입과 지출을 기록해 주는 기능과 함께 효율적인 지급수단의 기능도 제공한다. 이는 현금보유에 따른 불편함을 제거함으로써 원활한 거래를 촉진하고 나아가 생산과 소비를 조장하여 국민경제에 큰 이익을 제공한다.

경제초점 11-5 | 은행의 역할

은행은 가계나 기업 등 일반국민들로부터 예금 · 신탁을 받거나 채권을 발행하여 조달한 자금을 수요자에게 대출해 주는 업무를 취급하는 대표적인 금융기관이다. 다른 금융기관에 비해 광범위한 점포망과 전국적인 온라인시스템을 갖추고 있어 전국 어디에서나 입출금이 자유로울 뿐만 아니라 다양한 금융상품을 취급하는 장점이 있다. 타 기관에 비해 상대적으로 저축상품의 수익률은 낮으나 낮은 금리로 대출이 가능하고 신용카드, 현금자동출입금, 폰뱅킹, 인터넷뱅킹, 지로, 타행환, 공과금자동납부, 대여금고, 야간금고 등의 부대서비스도 이용할 수 있다.

3 돈과 금리에 대한 이해

금리에 대한 이해를 위해 정책금리, 기준금리, 시중금리 각각의 개념에 대해 살펴보자. 우선 정책금리는 한국은행에서 통화유동성 조절을 위한 통화정책의 수단으로 활용하는 금리를 말한다. 여기에는 콜금리, 7일물 환매조건부 채권(RP)금리 등이 있다. 외환위기 이후 통화정책 운영을 통화량중심에서 금리중심으로 변경하고 매월 콜금리 목표수준을 설정하여 운영하고 있다.

시장기준금리란 은행 간 단기자금 거래 시 적용하는 기준금리이며, 금융기관이 외화자금을 들여올 때 기준으로 삼는 금리이다. 기존에 91일물 양도성예금증서 유통수익률(CD금리)이 단기기준금리 역할을 수행해 왔으나 CD는 거래량이 많지 않아 단기자금시장의 움직임을 제대로 반영하지 못해서 대표성에 문제가 있다는 비판을 받아왔다. 따라서 영국의 LIBOR를 본떠 만든 KORIBOR(Korea Inter Bank Offered Rates)를 출범하게 되었다. KORIBOR는 자금시장에서 단기기준금리로 쓰였던 91물 CD금리를 대신해 은행간 단기자금을 대표하고 향후 파생금융상품 거래 시 기준금리로서의 역할을 수행하기 위해 개발된 것이다.

이에 비해 시중금리의 개념과 범위는 매우 다양하다. 일반적으로 금융시장의 사정을 반영하는 대표적인 금리인 셈이다. 이는 시장금리, 실세금리라는 의미로 쓰인다. 이러한 시중금리가 변동하게 되는 원인으로는 국내총생산 및 소비, 설비투자, 수출 등의 실물경기가 금리의 증감에 영향을 주게 된다. 또한 미국의 정책금리가 인상되거나 인하될 경우 이는 미국의 시장금리에 영향을 주고, 미국의 은행과 관련 있는 국내은행도 영향을 받게 되어 있다. 증권시장과 채권시장은 서로 영향관계에 있는데, 증시가 좋을 경우, 채권시장의 자금이 증권시장으로 유입되고 반면 증시가 좋지 않을 경우, 증권시장의 자금이 채권시장으로 유입되게 되면서 시장금리에 영향을 미치게 된다. 정책금리와 시장금리 간 관계는 일반적으로 두 금리 간 실제 격차가 평균보다 크면 이후에는 작아지는 방향으로, 반대의 경우 커지는 방향으로 이동하는 경우가 많다.

[도표 11-3]은 경기와 금리 및 주가의 관계를 도표화한 것이다.

도표 11-3 || 경기, 금리, 주가의 관계

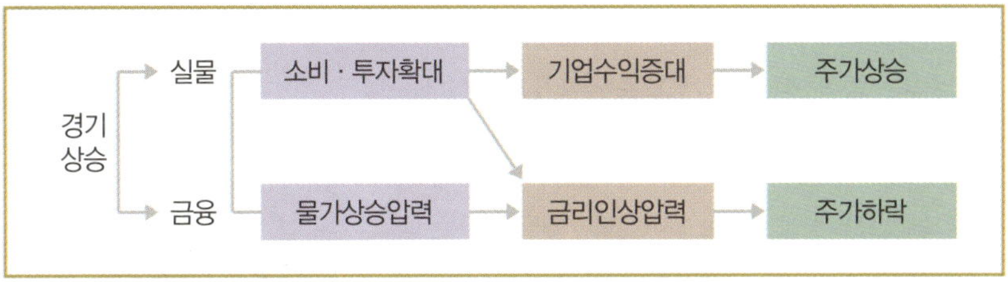

경제초점 11-6 | 금융통화위원회의 역할

중앙은행은 기준금리조절, 공개시장조작, 재할인율조정 등의 통화정책을 통해 통화량을 조절한다. 한국은행의 금융통화위원회는 통화의 운영 · 관리 및 한국은행 내부운영에 관한 사항을 심의 · 의결하는 합의제 정책결정기구이다. 이 위원회는 한국은행법 및 정관에 규정되어 있는 범위 내에서 통화신용에 관한 정책을 수립하고 한국은행의 운영에 관한 주요 사항을 결정한다.

이 위원회의 권한으로는 한국은행의 운영에 관한 의결권과 통화신용정책에 관한 의결권이 있다. 한국은행의 운영과 관련하여 위원회는 한국은행의 정관 변경, 조직 및 기구 · 예산 · 결산 · 직원의 보수기준 등의 업무를 심의 · 의결한다. 통화신용정책과 관련하여 위원회는 중앙은행의 정통적 금융정책수단인 재할인정책 · 지급준비율정책 · 공개시장조작 등은 물론 금융기관에 대한 긴급여신에 관한 기본적인 사항, 한국은행 통화안정증권 및 통화안정계정에 관한 기본적인 사항, 통화 수축기 및 팽창기에 금융기관 여신 및 투자제한 등의 업무를 수행한다.

경제초점 11-7 | 금리정책

중앙은행이 직·간접적으로 금리를 조절하는 여러 정책을 금리정책이라 하는데, 이는 경제성장, 물가, 국제수지, 고용 등 여러 가지 국민경제상의 목표달성을 위해 행해진다. 매월 한국은행 최고의사결정기구인 금융통화위원회에서 매달의 금리정책 운용방향을 결정한다. 즉 기준금리의 목표수준을 전월수준으로 유지할 것인지 변경할 것인지를 정한다.

목표금리는 콜시장에서 거래되는 1일짜리 콜금리를 기준으로 정해왔으나, 2008년 3월 7일부터 한국은행 기준금리로 변경되었다. 기준금리는 한 마디로 말해 한국은행과 시중은행 간 거래 금리인 RP거래다. 시중은행은 예금과 대출업무를 보면서 돈이 넘칠 때도 있고, 부족할 때도 있다. 돈이 모자라면 시중은행은 보유하고 있던 국·공채를 한국은행에 맡기게 되고 돈을 빌리게 되는데, 이를 RP(Repurchase Agreement)거래라 한다. 이때 한국은행에 지불해야 하는 이자비용이 바로 기준금리이다. 현재의 국내 경제현황을 진단하고 미래의 국내외 경제여건 변화 등을 전망하여 통화정책목표에 맞는 금리수준을 결정한다.

기준금리를 올리면 일반적으로 경기둔화, 실업증가, 인플레이션억제의 효과가 기대된다. 이러한 효과는 중앙은행이 공개시장조작으로 RP 등 단기금융시장에 공급하는 자금의 양을 조절할 수 있고, 이러한 조절로 인해 기업 등 경제주체의 의사결정에 영향을 미쳐 실물경제를 올바른 방향으로 이끌게 해준다. 이러한 중앙은행의 금리목표는 단기금융시장의 금리, 금융기관의 예금 및 대출금리, 채권금리 및 주가, 환율 등에 영향을 미치고 나아가 경제주체들의 합리적인 기대가 형성되어 부동산 등 실물자산가격 등에도 파급효과를 갖는다.

경제초점 11-8 | 작은 돈의 큰 가치

요즘 커피전문점이 많이 생겼다. 그것도 그것이지만 사람들이 커피를 너무 많이 마시는 것 같다. 커피 값이 5,000원이라고 가정해보면, 매일 커피를 마신다고 하면 150,000원이나 된다. 비싼 것도 아니지만 그렇다고 싼 것도 아니다. 커피 값은 이제 작은 돈으로 접근하기가 어려운 재화가 되었다.

커피가 주는 효용이나 편익, 제품 이상의 가치 등을 따지자는 것은 아니다. 하루에 지출되는 푼돈에 대해 관심을 가져보자는 것이다. 여러분이 2,500원짜리 담배를 매일 한 갑씩 핀다면? 한 달에 7만 5천 원, 10년이 되면 9백만 원이 된다. 30년 간 피우면 2,700만 원이 연기와 함께 허비된다. 그러나 그것조차도 이자는 보태지도 않은 것이니까 그 액수를 더하면 의외로 많은 금액이 된다.

하루에 3,000원을 절약한다면 어떻게 될까? 30년간 5,500만 원이 모아진다. 단순하게 계산해서 하루에 1만 원을 아낀다면 1년에 356만 원, 30년이 되면 1억 원이 넘는다. 이자를 포함하면 적어도 1억 8천만 원 정도는 된다. 짠돌이가 부자가 되는 것이다. 푼돈이 모아져 목돈이 되는 것이다. 일확천금을 얻으려면 로또 만 원을 허비하지 말며, 돈을 쓰고 싶은 맘을 억제하면서 작은 돈을 모으는 지혜가 필요하다. 고 정주영 회장의 낡은 구두는 부자가 작은 돈을 얼마나 더 소중하게 여기는지 알게 해주는 대목이다. 또한 월 10만 원을 10년간 꾸준히 적금했다면 복리의 마술에 걸려 원금이 기하급수적으로 불어나게 된다. 작은 돈의 위력과 함께 100세 시대까지 장수하는 데 단지 몇 년 만을 생각하고 소비할 일은 아닌 것이 분명하다.

경제초점 11-9 | 복리와 단리

은행에 예금을 하면 일정한 이자를 받는다. 이자는 돈을 타인에게 빌려주는 기간에 돈을 사용하여 얻을 수 있는 효용을 억제하는 데 대한 기회비용이다. 돈을 빌려주는 데 대한 대가인 이자계산은 단리법과 복리법이 있다.

현금 100만 원에 대해 연이자율이 10%일 때 1년 동안 은행에 예금하면, 그 이자는 100만 원×0.10=10만원이 된다. 단리법에 따른 이자를 계산하는 식은 다음과 같다.

$$S = P(1 + N \times R)$$

S : 원리금, P : 원금, R : 연이자율, N : 예금기간

복리법으로 계산한다면 첫째 해는 단리법과 동일하게 10만 원이지만 둘째 해는 첫째 해에 받은 이자를 원금에 포함시켜 이자를 계산하게 된다. 즉 (100만원×0.10)(1+0.10)=11만 원을 둘째 해에 받을 수 있다. 따라서 2년 동안 예금하면 복리로 이자 합계가 21만 원이 된다. 이를 수식으로 표현하면 다음과 같다.

$$S = P \times (1 + R)^n$$

경제초점 11-10 | 금리는 경제성장률과 물가상승률을 합한 만큼 되어야 한다?

금리는 경제정책의 핵심적인 수단이다. 경기가 과열되면 금리인상을 통해 통화량을 줄여 금융긴축을 실시한다. 경기가 나빠지면 금리인하를 통해 통화량을 늘리고 투자와 소비를 촉진하도록 한다.

1600년 전 미국 원주민인 인디언들은 앞날에 대한 생각이 없었다. 조상부터 내려 받은 땅을 백인 이주자들에게 달랑 24달러에 해당하는 물건을 받고 맨해튼 땅을 팔아 버렸다. 멕시코인들이 캘리포니아주를 미국인에게 팔아먹을 때도 사정은 비슷했다. 24달러를 복리로 계산해보면 어떻게 될까? 연이자율 8% 예금에 24달러를 넣어두었다가 400년이 지난 지금 인출한다면 500조 달러가 넘는다. 이 정도의 돈이면 모르긴 몰라도 맨해튼 땅뿐 아니라 미국 전체를 살 수 있을 지도 모른다.

금리는 경제성장률과 물가상승률의 합한 정도가 제 값이 된다고 볼 수 있다. 예를 들어 경제성장률이 4%이고 물가상승률이 4%이라면 시중금리는 8% 정도 수준이 적정수준이 된다는 의미이다. 예금에 투자하려는 사람이 많아지면 예금금리는 내려 갈 것이고 대출을 원하는 사람이 많아지면 대출금리는 올라 갈 것이다.

경제초점 11-11 | 금리와의 싸움

대출을 받고서도 자신의 신용상태가 개선되었다면 대출기간에 근거서류를 제출하여 작지만 금리인하를 요구하는 권리가 시장에 존재한다. 첫 거래만 이루어져도 우대금리 혜택을 받을 수도 있고, 통합가입 혹은 세트가입도 충분히 활용해 금리를 낮출 수 있다. 주거래 은행에 충성고객이 되는 방법을 찾는 것도 한 가지 방법이다. 반대로 예금을 넣었을 때는 금리가 하락해도 최저이율은 보장받는 쪽을 찾는 것도 좋다. 더욱이 중도인출이나 비과세 혜택도 일종의 장점이 된다.

저금리시대에도 금리는 매우 무서운 존재인 것이다. 환매수수료가 없는 MMF(Money Market Fund, 수시입출금식 수익증권), 예금자보호법에 적용을 받는 MMDA(Money Market Deposit Account, 수시입출금식 예금), 하루 이상 예치하면 고금리를 받을 수 있는 MMT(Money Market Trust, 콜론형 특정금전신탁), 증권계좌연계 주식거래 가능한 CMA(Cash Management Account, 종합자산 관리계좌) 등도 좋은 투자처가 되는 셈이다.

경제초점 11-12 | FP와 PB의 차이

개인별 재정상황에 맞춰 재무계획을 세워주고, 무수히 많은 금융상품 중 자신에게 꼭 필요한 것을 찍어주기 때문에 미래에 재무설계의 중요성은 커질 것으로 보인다. 이러한 일을 해주는 대표적인 사람들로 FP(Financial Planner)와 PB(Private Banker)가 있다. FP는 장기적인 관점에서 광범위한 재무설계를 도와주는 사람이라면, PB는 은행입장에서 고객의 포트폴리오를 직접구성해주는 사람이다.

FP란 용어가 초기에 보험권에서 쓰였기 때문에 보험설계사란 좁은 의미로 해석하기도 하지만 보험설계설계사도 FP의 일종이긴 하지만 보험뿐만 아니라 은행, 증권사 등 다양한 금융권에서 활동하는 사람들이 FP이다. PB는 주로 은행권에서 고액재산가를 대상으로 자산관리를 해주는 사람들이다. 하지만 업무측면에서 본다면 PB 역시 FP의 일종이다.

4 보이지 않는 재산, 신용

신용이란 어떤 것인가? 돈을 빌려 쓰고 약속한 대로 갚을 수 있는 능력이 신용이다. 개인이나 기업이 신용이 좋다는 것은 빌려간 돈을 갚을 능력이 충분하다는 뜻이다. 신용은 개인, 일반 기업뿐 아니라 금융기관과 국가에도 매우 중요하다.

개인의 신용 역시 기업이나 국가의 신용과 마찬가지로 등급이 매겨지고 관리된다. 은행, 카드회사, 보험회사, 이동통신회사 등에서 각 개인의 금융거래 정보를 전국은행연합회 등 신용정보집중기관에 보내어 집중관리한다. 따라서 개인이 연체자로서 불이익을 받지 않기 위해서 자신의 현재와 미래 소득수준을 감안하여 그 범위 안에서 소비가 이루어져야 한다. 대출의 경우에도 자신의 상환능력을 감안하여 부채한도를 설정한 후 그 한도 내에서 대출을 받아야 하는 것이다.

신용상태를 조사하고 평가하는 회사가 있는데 이를 신용평가회사라고 한다. 일반 기업과 금융기관이 발행한 채권이나 기업어음 등의 신용을 조사해서 상환능력이 높은 순으로 등급을 매겨서 공개하고 있는 신용등급은 금융시장에서 금리를 결정하는 중요한 지표로 사용된다.

신용회복위원회에 따르면 2011년 개인 워크아웃(채무조정)을 신청한 신용불량자 가운데 50세를 넘는 사람만 1만 8천 342명이었다. 2010년 기준하여 무려 24.2% 증가한 수치이다. 그렇다면 신용불량자가 되는 기준은 무엇인가? 금융권에서 30만 원을 초과하여 돈을 빌리고 3개월 이상 갚지 않은 경우, 신용카드를 사용하고 30만 원 초과 청구대금을 3개월 이상 갚지 않은 경우, 30만 원을 초과한 할부금을 3개월 이상 갚지 않은 경우, 어음이나 수표가 부도가 났거나 금융사기 혹은 부정대출, 허위서류대출 등으로 금융질서를 문란하게 하는 행위를 하는 경우에 신용불량자가 될 수 있다. 신용불량자가 되면 새로 대출을 신청할 경우 불이익을 받을 수 있고, 현재의 대출금에 대해서도 조기상환을 요구받을 수 있다. 또한 채권을 회수하기 위해 관련 금융회사로부터 채권보전절차에 따른 법적 소송 및 재산상의 불이익을 받을 수도 있다. 연대보증 자격에 제한이 생기며, 신용카드의 발급이나 사용이 금지되는 등 신용을 통한 금융거래를 할 수 없게 된다. 또한 취업 등 사회생활에 불이익을 당하는 경우가 많다.

경제초점 11-13 | 신용회복제도

신용회복제도란 개인 또는 개인사업자 중 일정요건을 갖춘 채무자의 경제회생을 지원하는 제도이다. 과다한 채무로 인하여 지급불능 상태에 있거나 지급불능의 우려가 있는 개인채무자가 월평균 생계비를 공제한 나머지 금액 전부를 5년 동안 변제하면 나머지 채무는 면책을 받을 수 있는 제도이다.

신용회복위원회에서는 금융기관에 빚을 진 신용불량자를 구제하기 위한 개인워크아웃제도와 사전에 신용불량자로 전락하는 것을 예방하기 위해 지원하는 프리워크아웃(사전채무조정) 등을 지원한다. 그리고 대한법률구조공단에서는 기업을 대상으로 한 기업개선작업(workout)과 기업회생절차, 개인을 대상으로 한 개인신용회복 등을 지원 · 관리하고 있다.

CHAPTER 12

금융상품

1 금융종합과세에 따른 세테크

금융소득은 개인별 연간 금융소득 합계액이 4천만 원 이하인 경우에는 소득세를 원천징수함으로써 납세의무가 종결된다. 이를 분리과세라 한다. 그러나 4천만 원을 초과할 경우에는 종합소득에 해당하는 다른 소득과 합산하여 누진세율을 적용하여 종합과세 한다. 금융소득이 5천만 원인 경우 4천만 원에 대해서는 15.4%를 원천징수하고, 1천만 원은 다른 종합소득과 합산하여 종합소득세율을 적용한다. 현행 종합소득세율은 6%에서 38%까지 5단계 초과누진세율 체계이다.

금융상품이 매일 새롭게 출시되고 갈수록 복잡 · 다양해지고 있는 금융환경하에서는 고객이 금융상품을 선택하기가 매우 까다롭다. 금융상품의 종류도 다양하고 상품마다 장 · 단점이 있을 뿐 아니라 상품취급 기관도 천차만별이어서 어떤 금융상품을 선택할지 난감할

도표 12-1 ‖ 종합소득세율

(발생연도 기준)

2012년			2011년 이전		
과세표준 (소득금액)	세율 (소득세)	누진공제	과세표준 (소득금액)	세율 (소득세)	누진공제
1천 2백만 원 이하	6%	0	1천 2백만 원 이하	6%	0
4천 6백만 원 이하	15%	108만 원	4천 6백만 원 이하	15%	108만 원
8천 8백만 원 이하	24%	522만 원	8천 8백만 원 이하	24%	522만 원
3억 원 이하	35%	1,490만 원	8천 8백만 원 초과	35%	1,490만 원
3억 원 초과	38%	2,390만 원			

때가 많다. 일반적으로 금융상품의 선택은 안정성, 수익성, 환금성 등의 3요소를 고려하여 고객의 니즈에 적합한 금융상품을 선정해야 한다.

우선, 저축목적별 주요 금융상품을 살펴보면 다음 [도표 12-2]와 같다. 이러한 상품들을 선택하기 위해서는 어떤 목적으로 저축하고, 저축한 자금은 언제 사용할 것인지를 예측하여 자신에게 적합한 상품을 선택해야 한다.

도표 12-2 ‖ 저축목적별 주요 금융상품

저축목적	주요 금융상품
주택자금마련	주택청약예금, 주택청약저축, 주택청약부금, 장기주택마련저축, 주택청약종합저축, 장기주택마련펀드 등
자녀교육비마련	장학적금, 교육보험 등
노후생활자금마련	연금보험, 노후생활연금신탁, (개인)연금신탁, 역모기지론 등
대출을 받기 위한 저축	상호부금, 신용부금 등

또한, 기간을 고려한 선택에도 주목해야 한다. 금융상품을 구입할

때 예치자금을 언제 찾을 것인지 기간예측을 한 다음 금융상품에 가입해야 만 높은 수익을 보장받을 수 있는 것이다. 그러므로 상품을 선택할 때 자금지출계획과 저축기간을 일치시키는 원칙을 지키는 것도 좋다.

도표 12-3 || 저축기간별 주요 금융상품

구분	은행	금융투자회사	자산운용회사
1개월 이내	저축예금, MMDA	RP, CMA	MMF
1~3개월 이내	표지어음, RP, CD, 정기예금	RP, CMA 단기수익증권(채권형)	MMF, 단기수익증권(채권형)
3~6개월 이내	표지어음, RP, CD, 정기예금, 맞춤형 특정 신탁	RP, CMA 단기수익증권(채권형)	단수익증권(채권형)
6개월~1년 이내	표지어음, 정기예금, 맞춤형특정신탁	중기수익증권(채권형/주식형)	중기수익증권(채권형/주식형)
1년 이상	정기예금, 금융채, 연금신탁, 맞춤형특정신탁, 주택관련저축	증권저축, 회사채, 국·공채, 장기수익증권(채권형/주식형)	장기수익증권(채권형/주식형), 연금투자신탁, 뮤추얼펀드

안정성, 수익성, 환금성을 고려할 경우를 생각해 보자. 우선 안정성의 경우 예치자금의 원리금이 보전될 수 있는 정도가 매우 중요하다. 이는 거래 금융기관의 부실화로 인해 채무불이행이 발생하는 경우와 금융상품의 시장가격이 변동하여 손해를 보는 경우를 동시에 고려해야 한다.

도표 12-4 || 안정성 판단지표

구분	주요 지표	공통점
은행	• BIS기준 자기자본비율 • 부실여신비율	• 경영공시 내용 • 감독당국의 경영평가 결과 • 국제신용평가기관의 신용등급 • 최근의 주가수준 등
보험회사	• 지급여력비율	
증권회사	• 영업용 순자본비율	
자산운용회사	• 위험 대비 자기자본비율	

안정성보다 수익성을 고려한다고 할 때는 투자로 인한 높은 이자수익이나 가격상승 또는 배당수익을 기대할 수 있는 정도가 중요하다. 이런 상황이라면 수익률이 높은 금융상품을 선택해야 하는데 금융상품별 금리적용은 [도표 12-5]와 같다.

도표 12-5 || 금리운용에 따른 금융상품

구분	확정금리	연동금리	실적금리
내용	만기까지 확정된 금리보장	시장금리에 연동하여 적용	투자한 결과(실적)에 따라 배당
수익률/리스크	적음	보통	많음
투자자 책임	적음	보통	많음
주요 금융상품	정기예금, 적금, 확정금리보장형 보험	CD금리연동형 정기예금, 공시이율 적용 보험상품	실적배당형 신탁, 뮤추얼펀드, 변액보험

환금성은 유동성을 말하는데 자금이 필요한 때에는 언제든지 보유한 상품을 별다른 손해 없이 현금화할 수 있어야 한다. 수익성이 낮은 상품은 입출금이 자유로워 환금성이 높은 반면, 기간이 장가인 저축성 예금이나 신탁, 채권 등은 중도해지나 환매에 따른 불이익이

도표 12-6 || 주요 금융상품별 환금성

구분	주요 금융상품
환금성이 높은 단기금융상품	• 은행의 MMDA • 입출금이 자유로운 상품 : 보통예금, 저축예금, 가계당좌예금 등 • 만기 1년 이내의 상품 : MMF, 단기수익증권, 개방형 뮤추얼펀드 등
환금성이 낮은 장기금융상품	• 은행의 만기 1년 이상 상품 : 저축성예금, 신탁상품 및 금융채 • 장기수익증권, 폐쇄형 뮤추얼펀드 등 • 보험회사의 저축성보험상품 등

클 수 있으므로 환금성이 낮다고 볼 수 있다.

2 은행의 금융상품

은행에서 다루는 주요 금융상품은 다음과 같다.

- 보통예금 : 입금과 인출이 자유로운 통장식 은행예금
- 당좌예금 : 수표 또는 어음을 발행하여 약정 한도 내에서 자유로이 찾을 수 있는 예금
- 정기예금 : 일정금액을 일정기한을 정하여 일시 예치하고 이자를 만기에 원금과 함께 일시 수령하거나 매월 이자를 받고 원금은 만기에 수령하는 기한부 예금
- MMDA : 보통예금처럼 입출금이 자유로우면서도 실세 금리를 적용하여 보통예금보다 비교적 높은 이자를 지급받을 수 있는 시장금리부 수시입출금식 예금

- ELD(주가지수연동예금) : 주가지수의 변동과 연계하여 수익이 결정되는 은행예금
- 양도성예금증서(CD) : 무기명 할인식으로 발행하는 정기예금증서로 만기에 증서 소지인에게 액면금액을 지급하는 정기예금
- 환매조건부채권(RP) : 금융기관이 발행기관으로부터 매입, 인수한 국·공채 등을 근거로 발행하여, 일정기간 경과 후 일정가격으로 환매수할 것을 조건으로 매도하는 채권
- 표지어음 : 금융기관이 기업으로부터 할인하여 보유 중인 상업어음 및 무역어음을 근거로 이를 분할 또는 통합하여 발행, 매출하는 어음
- 연금저축 : 개인의 노후생활과 장래 생활안정을 목적으로 일정금액을 적립하여 연금으로 원리금을 수령할 수 있는 신탁형 개인연금
- 퇴직연금 : 퇴직 시 일시금으로 받는 퇴직금을 퇴직 후 일정연령(55세)에 도달한 때부터 연금으로 받을 수 있는 연금제도
- 모기지론 : 부동산을 담보로 주택저당증권을 발행하여 장기주택자금을 대출해 주는 제도
- 역모기지론 : 주택을 담보로 금융기관에서 일정기간 일정금액을 연금식으로 지급받는 장기주택저당대출
- 방카슈랑스 : 은행과 보험의 결합어로서 은행 등의 금융기관이 보험상품을 판매하는 제도
- 주택청약저축 : 매월 저축금을 일정기간 납입하면 국민주택청약권이 부여되는 저축
- 주택청약부금 : 납입한 금액이 지역별 청약예금 예치금액 이상이고 일정기간이 경과하면 민영주택 청약권이 부여되는 저축

- 주택청약예금 : 일정금액을 정기예금으로 예치해 정해진 기간이 지나면 민영주택 청약권이 부여되는 저축
- 장기주택마련저축 : 서민의 주택마련을 돕기 위한 자유적립식 장기저축상품으로, 요건 구비 시 소득공제와 비과세 혜택이 부여되며 주택구입이나 신축자금을 장기로 대출받을 수 있는 특별우대상품

경제초점 12-1 | 연금신탁, 연금보험, 연금펀드 비교

연금신탁과 연금보험, 연금펀드를 비교하면 다음과 같다.

구분	연금신탁	연금보험	연금펀드
취급기관	은행	보험사, 우체국, 농협, 수협	자산운용사
납입방식	자유적립, 연금 소득세 과세	정기정액식에 자유입출금기능부여, 10년 이상 비과세	자유적립
예금보호	보호	보호	비보호

경제초점 12-2 | 금융상품의 범위

2009년 시행된 자본시장과 금융투자업에 관한 법률, 즉 자본시장법에서는 금융투자상품의 규정 방식이 열거주의에서 포괄주의로 전환되었다. 이에 따라 금융투자업자가 금융투자상품의 정의에 부합되는 모든 금융상품을 창의적으로 개발하여 자유롭게 판매할 수 있게 되어 보다 다양한 유형의 금융상품의 가능해졌다. 이와 같은 제도는 자본시장의 자금중개 기능강화 및 금융투자업의 경쟁력 향상에 제약요인으로 작용함에 따라, 자본시장통합법은 6개 자본시장 관련 법률을 통합하여 금융투자업자가 개발 · 판매할 수 있는 금융투자상품의 개념을 원본손실이 발생할 가능성이 있는 금융상품으로 포괄적으로 규정하고 있다.

3 증권회사의 금융상품

증권회사에서 다루는 금융상품에 대해서 간단하게 살펴보자.

- 위탁매매 : 유가증권의 매매거래를 성사시켜 주고 수수료를 받는 행위
- 인수 : 유가증권을 발행하면서 이를 매출할 목적으로 그 유가증권의 발행인으로부터 그 전부 또는 일부를 취득하는 것
- CMA : 예탁금을 어음이나 채권에 투자하여 수익을 고객에게 돌려주는 실적배당 금융상품
- 랩어카운트 : 증권사가 투자자의 투자성향을 분석하여 자산배분 및 투자조정, 총체적인 자산관리컨설팅 등 체계적인 자산종합관리 서비스를 제공하고 이와 수반되는 주문, 결제 등의 업무를 일괄 처리해주는 자산종합관리계좌
- 환매조건부채권(RP) : 채권발행자가 일정기간이 지난 후에 다시 사는 조건을 채권으로 발행(매도)해 기자금을 조달하는 금융거래 방식
- ELS : 특정 주권의 가격이나 주가지수에 연계한 증권
- ELW : 개별주식 또는 주가지수와 연계해 미리 매매시점과 가격을 정한 뒤 약정한 방법에 따라 해당주식 또는 현금을 사고 팔 수 있는 권리를 갖는 증권
- 퇴직연금신탁 : 퇴직연금제도를 도입한 사업장이 신탁계약을 통해 퇴직적립금을 운용하는 금전신탁

경제초점 12-3 | 유사금융상품(ELD, ELF, ELS) 비교

구분	ELD	ELF	ELS
발행사	은행 등 예금취급기관	자산운용사	증권회사
판매사	은행 등 예금취급기관	증권회사	증권회사
투자방법	정기예금 가입	수익증권 매입	유가증권 매입
운용방법	고유계정과 혼합	고유계정과 분리하여 별도 펀드 운용	고유계정과 혼합
형태	정기예금	증권(수익증권)	증권(증권연계증권)
만기 수익률	지수변동에 따라 사전 제시한 수익률	운영실적에 따른 수익	지수변동에 따라 사전 제시한 수익률
원금보장	원금 100% 보장	보장 없음(원금 보존추구)	사전제시한 일정률 (0~100%)
예금자 보호	보장	없음	없음
과세	전액과세	배당, 이자 등 과세(주식양도차손익 제외)	전액과세

경제초점 12-4 | 금융상품의 분류

금융상품은 단기, 장기 그리고 직접금융과 간접금융으로 다음과 같은 분류를 따른다.

구분	직접금융	간접금융
단기	단기공사채(180일)	요금불예금, 양도성예금증서, 기업어음, 표지어음, 환매조건부채권, 시장금리부 수시입출금식예금, 단기금융상품펀드, 어음관리계좌, 주가연계예금
장기	장기공사채(1년), 국고채(3년), 회사채(3년), 후순위채(5년 이상)	저축성예금, 은행신탁, 주가연계증권, 주가연계펀드

4 보험회사의 금융상품

보험이란 사람의 사고로 인해 초래되는 경제적 손실을 보전하기 위해 만들어진 상품으로 보험사고 발생의 객체가 주로 재산일 경우는 손해보험이다.

생명보험은 생명보험 · 연금보험 · 정기보험 · CI보험 등이 있고, 손해보험은 화재보험 · 해상보험 · 자동차보험 · 의료실손보험 · 운전자 보험 등이 있으며, 제3보험은 상해보험 · 질병보험 · 간병보험 등이 있다.

보험의 분류

① 보험금 지급조건에 따른 분류

- 사망보험 : 사망보험이란 피보험자가 사망 또는 사망에 준하는 상태로 인정될 때 약정된 보험금을 지급받을 수 있는 상품
- 생존보험 : 생존보험은 피보험자가 보험기간 종료일까지 생존하는 경우에만 지급하는 보험으로 일정기간 도달 전 사망 시에는 사망자의 몫이 모두 생존자의 몫으로 귀속되기 때문에 사망자에게는 아무런 보장이 없게 된다.
- 생사혼합보험 : 사망보험과 생존보험을 혼합한 형태

② 보험금 정액 유무에 다른 분류

- 정액보험 : 항상 일정액의 보험금이 지급되는 보험
- 체증식보험 : 기간경과에 따라 보험금이 점점 체증하여 지급하는 보험으로 물가지수 연동보험 등을 들 수 있다.
- 체감식보험 : 기간이 경과함에 따라 보험금이 체감하는 보험이다.
- 감액보험 : 가입으로부터 일정기간(보통 2년) 내에 보장사고가 발생했을 경우 보험금을 감액하는 보험이다.
- 변액보험 : 이 상품은 수납한 보험료를 주식이나 채권에 투자해 투자수익을 배당해 주는 '실적배당형 상품' 을 말한다.

생명보험의 주요 상품

- 연금보험 : 일반적으로 생명보험상품은 불의의 사고에 대비하기 위한 것이지만 연금보험은 그 반대로 오랫동안 생존해 있을 경우 즉, 노후를 대비한 상품이다. 연금보험은 자신이 가진 경제능력으로 노후의 풍요로운 생활자금 마련을 위해 경제적 능력이 있는 젊은 시절부터 소득의 일부를 적립하였다가 경제활동이 중단된 노후에 연금을 수령함으로써 노후의 안정적인 생활자금 마련을 위한 상품이다.
- 교육보험 : 교육보험은 유치원부터 대학원까지 자녀의 교육자금을 종합적으로 보장하여 주는 상품으로 부모의 생존 시에는 각종 학자금 등 교육자금이 지급되며, 부모 사망 시에는 고액의 교육자금 및 양육자금이 지급되어 자녀의 교육 및 양육을 보장해주는 상품이다. 교육보험은 도입 초기 선풍적인 판매실적을 올렸으나 보

험에 대한 수요변화, 상품개발양상의 변화에 따라 판매실적이 감소하고 있는 실정이다. 그러나 최근 기존 교육보험에 자녀의 발달기에 맞춰 각종 인성 프로그램과 해외유학 등 진학상담서비스 등을 추가한 상품이 판매되어 좋은 반응을 얻고 있다.

- 유니버셜보험 : 유니버셜보험은 보험계약자의 보험수요 변화에 따라 보험료 추가납입, 보험금 중도인출 등을 할 수 있는 특징을 지닌 상품으로 기본보험금에 공시이율에 의해 부리되어 추가 적립된 금액을 보험금으로 지급하는 상품이다. 유니버셜보험은 공시이율에 따라 일반계정에서 운용된다는 점, 운용리스크를 보험사에서 부담한다는 점에서 변액보험과 다르다.
- 퇴직보험 및 퇴직연금 : 퇴직보험은 단체 또는 단체의 대표가 단체의 구성원을 보험대상자(피보험자)로 하여 단체의 구성원이 퇴직하는 경우 연금 또는 일시금으로 퇴직금을 수령할 수 있도록 하는 보험으로 2005년 12월 퇴직연금제도의 도입에 따라 신규가입은 중단된 상태다. 이에 비해 퇴직보험을 보완한 퇴직연금제도는 기업이 근로자의 노후소득보장과 생활안정을 위해 근로자의 퇴직금을 외부의 금융기관에 적립하여 기업 또는 근로자의 지시에 따라 운용하고, 근로자 퇴직 시 연금 또는 일시금으로 지급하는 제도이다. 퇴직연금제도는 퇴직급여(보험금)가 사전에 확정되는 확정급여형제도(DB)와 운용수익에 따라 변동되는 확정기여형제도(DC)로 구분된다.

손해보험의 주요 상품

① 가입대상

- 재물에 관한 보험 : 화재보험, 선박보험, 적하보험
- 채권 또는 이익에 관한 보험 : 간접휴지보험, 할부판매보증보험
- 인체에 관한 보험 : 상해보험, 건강보험 등
- 책임에 관한 보험 : 배상책임보험, 근로자 재해 보상책임보험

② 상법상

화재보험, 운송보험, 해상보험, 책임보험, 자동차보험

③ 실무상

- 화재보험, 해상보험, 특종보험
- 장기보험(3~15년, 종신형 : 80세까지 보장)
- 자동차보험, 보증보험

④ 운영형태

강제보험, 임의보험

다음 [도표 12-7]은 보험의 종류에 대한 것이다.

도표 12-7 || 보험의 종류

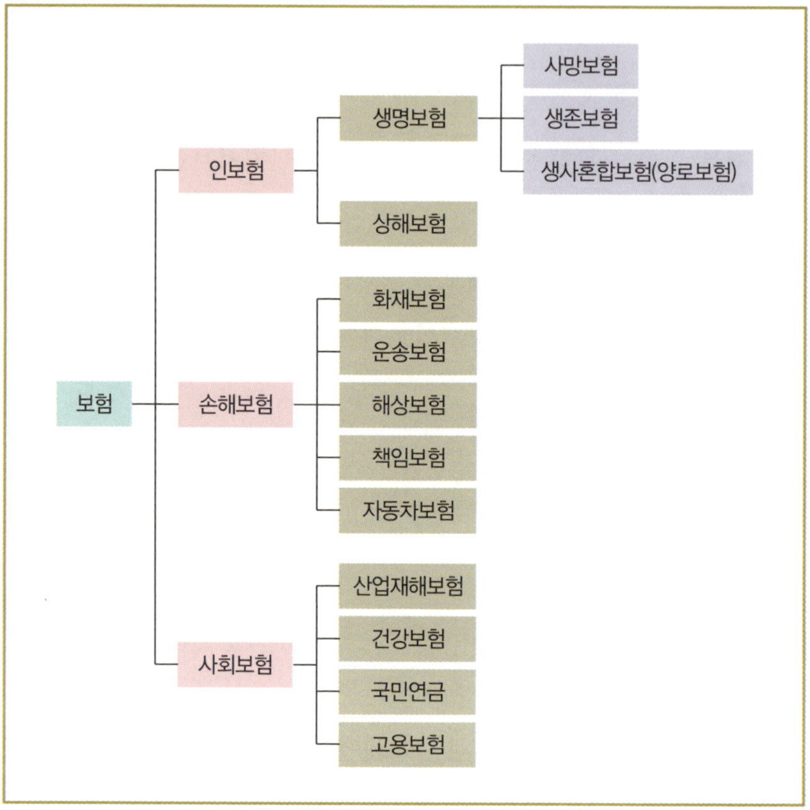

경제초점 12-5 | 유사보험

유사보험이란 국가에서 운영하고 있는 체신보험과 농, 수, 축협 등의 공제를 지칭한다. 체신보험은 국영보험으로서 전국의 우체국을 통해 생명보험과 비슷한 상품을 개발하여 기존 보험회사와 판매경쟁을 하고 있다. 체신보험은 당초 민영 생명보험의 보급이 어려운 벽지 주민들에게 보급할 목적으로 소액으로 시작되었으나, 그 후 한도확대 등을 통해 생명보험 상품과 같은 상품을 개발 · 판매하고 있다. 공제란 원래 특정한 목적하에 조직된 단체 구성원 간의 상호부조를 위해 운영되는 경제제도로 생명보험과 차이점을 불특정다수를 대상으로 하는 것이 아니라 조합원을 대상으로 한다는 것이나 원래 목적을 벗어나 일반인을 대상으로 판매하기 때문에 생명보험과 동일하다고 볼 수 있다.

5 주식, 채권시장, 파생상품시장

개인투자자가 금융상품에 투자하여 금융기관으로부터 이자를 받는 경우 일정한 세금을 공제하고 받아야 하는데 이를 원천징수라 한다. 이때 금융소득이 4천만 원을 초과하면 이야기는 또 달라진다. 금융소득종합과세는 배당소득을 포함한 금융자산의 이자소득이 4천만 원 초과하면 그 소득과 기타 소득을 합산하여 종합소득세율로 세금이 계산된다. 종합소득에는 이자소득, 배당소득, 부동산임대소득, 사업소득, 근로소득, 연금소득, 기타소득 등으로 구성된다.

4천만 원 이하의 경우 원천징수로 과세가 종결된다. 원천징수란 소득을 지급하는 자가 그 지급을 받는 사람이 내야 할 세금을 지급할 금액에서 공제하고 그 공제한 세금을 세무서에 대신 납부하는 제도를 말한다. 예를 들어 갑이 은행에 정기예금을 가입하고 이자로 100만 원을 지급받는 경우 은행은 갑에게 원천징수세율 15.4%(소득세 14%, 주민세 1.4%), 즉 15만 4천 원을 제외한 84만 6천 원을 지급하고, 은행은 원천징수한 세금 15만 4천 원을 세무서에 신고하고 납부하는 것이다. 개인이 소득세를 내는 것과 마찬가지로, 법인은 법인세 신고를 해야 한다. 법인이 지급받는 이자 혹은 배당소득의 경우 원천징수세율은 14%가 된다. 법인은 사업연도 종료일인 결산일로부터 3개월 이내에 해당 법인의 모든 과세소득을 대상으로 법인세를 신고한다.

해외주식의 경우를 제외하고 국내주식을 투자했을 때의 세금은 다음 [도표 12-8]과 같다.

도표 12-8 || 주식투자와 세금

투자자산	소득종류	과세구분
국내 상장주식	배당소득	배당소득세 과세
	양도차익	일반적인 경우는 과세되지 않고 대주주 양도 시, 장외양도 시 양도소득세 과세
국내 비상장주식	배당소득	상장주식의 배당소득과 동일하게 과세
	양도차익	양도소득세 과세하지만 벤처기업의 소액주주 양도차익은 과세하지 않음

채권투자의 경우 발생하는 수익의 원천으로는 표면이자율에 따라 지급받는 이자소득과 매매에 따라 발생하는 매매손익이 있다. 이자소득의 경우 개인은 원천징수 후 금융소득 4천만 원 초과 시 익년 5월에 종합소득세 신고하고 법인은 원천징수 후 법인세로 정산을 한다. 단, 매매차익은 개인은 과세하지 않고 법인의 경우만 과세된다.

도표 12-9 || 채권투자와 세금

투자자산	소득종류	과세구분
채권	이자소득	이자소득세 과세
	양도차익	과세되지 않음

노후준비나 상속이나 증여에 대한 대비 등에 관련한 금융환경이 급변하는 상황에서 단기적인 처방식 재테크보다는 장기적인 재무설계가 매우 중요해지고 있다. 재무설계란 개인이 지향하는 삶의 방향을 경제적인 관점에서 새롭게 설계하고 개인이 정한 목표를 달성하기 위한 재무적 포트폴리오 구성이라고 보면 된다. 따라서 단기적인 재테크는 단기수익을 목적으로 한다는 점에서 자산을 효율적으로 관리하려는 재무설계와 구분된다. 따라서 재무설계는 자산관리의

목적과 자산의 운영방법 및 전략의 이해라고 할 수 있다.

최근 저금리로 인한 금융환경의 변화를 축으로 주가연계증권(ELS), 주가연계펀드(ELF), 개별종목옵션, 인덱스펀드, 스타일펀드, 원자재펀드, 변액보험 등 다양한 금융상품이 파생되고 있다. 이러한 변화 속에서 개인투자자는 환경을 제대로 파악하거나 인식하기 어려운 상황이 되어가고 있다. 자신의 재무설계를 스스로 세우기가 어렵게 되고 있는 것이다.

삶을 살면서 대개 들어가는 비용은 결혼자금, 주택마련자금, 자녀교육비, 은퇴자금, 창업자금, 노후자금, 상속과 증여금 등이다. 그러한 비용 중에서 노후자금은 임대부동산, 주식형 펀드, 은행저축, 연금보험 등을 활용하는 방법이 있다. 또한 자동차 사고, 치명적인 질병, 화재 등 수많은 위험이 생겨난다. 이러한 위험은 '예상되는 결과와 반대되는 결과로서 손실 발생가능성' 이라 한다. 따라서 반드시 위험도 보험을 통해 관리해야 한다.

아름답고 준비된 노후를 위한 자금을 모으는 은퇴설계를 생각해 보자. 열심히 일한 개인이 은퇴 이후의 삶을 윤택하게 보내기 위한 준비에 소홀함이 없어야 한다. 은퇴시점에 부동산 의존도를 줄이면서 금융자산에 대한 지식을 가지고 있어야 한다. 필요한 노후생활비용이나 연금소득, 보유 부동산의 처분 여부, 거주지역에 맞는 노인복지서비스 등의 편의시설 고려, 자식이나 배우자에 대한 상속 등의 고려, 적정 의료서비스 및 가입된 보험의 적정성 여부, 심지어 장례에 관한 준비까지 재무적인 점검이 필요하다.

은퇴 후에도 은퇴 전과 변함없는 생활수준이 유지되도록 이루어져야 하기에 은퇴설계가 필요한 것이다. 국민연금, 퇴직연금, 개인연금 등의 구성을 유지하는 것과 유망한 금융상품을 통한 세제혜택 및 세금에 대한 이해도 필수적이다. 노후생활을 위한 금융자산 포트폴리오 구성에 대한 이해를 통해 전략을 새롭게 수립해야 할 것이다.

경제초점 12-6 | 경제의 또 다른 이름, 절약

어느 백화점에서 3일 동안 60억 원이 넘는 명품 팔기 행사를 펼쳤다. 백화점 문이 열리자마자 너도 나도 손님들이 명품을 구입하느라 북새통이 되었다. 이렇게 하루 동안 방문한 손님이 2만 명이 넘었다. '명품 핸드백' 1개만 이라는 소비자들의 욕망은 구두와 옷으로 옮겨간다.

욕망이란 1개가 충족되고 나면 다른 2개, 4개, 8개의 욕구가 생겨나게 된다. 이러한 욕구는 완벽하게 채워지지 않는다고 봐야 한다. 그러므로 욕구를 적절하게 통제하는 것이 필요하다. 이러한 욕구를 컨트롤 하는 작은 실천이 바로 절약이다. 절제 없는 소비습관이 문제가 되는 것처럼 욕망에 대한 통제에는 절약이 필요한 것이다. 대학에 수억 원을 기부한 김밥할머니가 훈훈한 뉴스가 된 적이 있다. 그 할머니는 절약을 통해 돈을 모으고 그 돈을 나눔으로써 세상이 아직도 아름다운 부분이 있다는 것을 알게 했다. "많은 사람들이 부자가 되길 원하지만 대부분의 사람들은 원하고만 있지, 부자가 되려고 행동하지 않는다"는 짐 로저스의 말에 절약정신이 고스란히 녹아져 있다. 경제, economy라는 말의 언어는 바로 절약이었다.

「착한 소비의 시작, 굿바이 신용카드」의 저자 제윤경은 신용카드에 대하여 다음과 같이 기술하고 있다. 신용카드는 한 달만 유예했을 뿐 결국 빚인 것이고 나아가 생각하는 소비를 마비시키는 마취제 같은 것이다." "돈을 갚기 위해 일하는 사람은 돈을 버는 과정이 재미있을 리 없다." 진짜 어렵게 번 돈의 진짜 주인이 되기 위해서는 신용카드와 이별해야 한다는 점을 강조한 것이라 볼 수 있다.

경제초점 12-7 | 인류최고의 발명품은 보험(?)

"현금은 찬 돈이란 말이 있다." 호주머니 속에 체온으로 따듯해 질 겨를도 없이 돈을 쓸 상황이 생긴다는 뜻이다. 그러므로 현금이 생기면 쓰일 곳이 생기기 전에 저축(save)을 하는 것이 답이다. 그런데 미래의 수입은 불확실하고 미래의 지출은 확실하다. 확실한 지출에 대해 불확실한 수입원을 마련할 필요가 생기는 것이다. 더구나 장래에 닥칠지도 모르는 추상적인 일을 대비해 현재에 경제적 부담을 한다는 것도 그렇게 쉬운 일은 아니다. 따라서 안전판인 보험은 선택이 아닌 필수이다. 인생이란 긴 여정을 살면서 만일의 사태에 대비하는 인류최고의 발명품이 바로 보험인 것이다.

요람에서 무덤까지의 인생주기(life cycle)로 볼 때 개인이 필요한 자금은 주택마련자금, 자녀의 교육 및 결혼자금, 긴급생활자금, 노후생활자금 그리고 사건 및 사고에 따른 가족생활보장자금일 것이다. 이렇게 인생의 라이프사이클에 맞추어 필요자금을 준비하게 하는 것이 생애재무설계인 것이다. 그런 관점에서 볼 때 확실한 재무설계야말로 행복한 인생설계를 보장하는 유일한 방법이라고 본다.

경제초점 12-8 | 소득 양극화와 지니계수

외환위기 이후 자산소득 증가율과 근로소득 증가율 간의 차이가 점점 더 벌어지고 좁혀질 기미가 없다. 일해서 돈을 모은다는 것이 통하는 시대가 아니라 가진 것이 있어야 돈을 벌고, 가진 것이 없으면 생존조차 위협받는 시대가 되고 있다. 2008년 글로벌 금융위기 이후 한국의 빈곤층은 지난 16년 동안 두 배 가량 늘어나고 말았다.

소득이 어느 정도 균등하게 분배되는가를 나타내는 소득분배의 불균형계수가 바로 지니(Gini, C.)계수이다. 즉 저소득층에서 고소득층을 향한 사람 수의 소득누적(累積)백분율을 가로축, 그 사람들의 소득누적배분율을 세로축으로 잡았을 때 그려지는 대각선을 현(弦)으로 하는 활 모양의 로렌츠곡선과 대각선으로 둘러싸인 면적을 대각선 아래쪽의 직각 삼각형의 면적으로 나눈 비율을 이른다. 이것이 0에 가까우면 소득분포가 평등하다고 판단된다.

경제초점 12-9 | 하우스 푸어

House poor는 집은 있지만 소득이 없어 빈곤한 생활을 영위하는 사람을 칭한다. 2011년 기준하여 400만 가구 이상이 될 것이라는 예측이 있었다. 2006년 당시 담보대출로 인한 이자보다 집값이 가파르게 상승하고 있었기 때문에 비용부담은 별 부담이 아니었다. 그러다가 2008년 위기가 오면서 집값이 하락세로 돌아서게 되고 주택시장의 버블이 꺼지면서 주택을 처분하지 못한 채 부채를 떠안고 살아가고 있는 것이다.

경제초점 12-10 | 월가를 점령하라

Occupy Wall Street는 뉴욕에서 시위대들이 "탐욕을 멈춰라"라고 쓴 피켓을 들면서 외친 구호이다. 시위 한 달 만에 미국은 물론 전 세계로 시위공조가 확산되기도 했다. "당신이 99% 중 1명이라면 이 행사는 당신의 자리입니다"라는 문구도 등장했다. 이 이슈는 실업, 빈부격차 등 경제문제는 물론, 의료보험, 환경, 교육, 전쟁, 마약 같은 다양한 주장이었다. 소득이 하락한 사람들이 희망을 잃게 되고 그만큼 더 소득재분배에 적극적인 관심이 노출된 것이다.

경제초점 12-11 | 파레토법칙

1897년 이탈리아 경제학자 파레토(V. Pareto)는 19세기 영국의 부와 소득의 유형을 연구하다가 전체 인구의 20%가 전체 부의 80%를 차지한다는 사실을 발견하였다. 일반적으로 20/80법칙이라 하는데 제품종류가 많아지면, 매출도 오를 것으로 생각되지만, 실제로는 기업의 전체수익 중에, 70~80%는 제품의 20%에서 수익이 발생하고 있다는 뜻이 된다.

이렇듯 부, 노력, 투입량, 원인의 작은 부분이 대부분의 부, 성과, 산출량, 결과를 이루어낸다는 의미를 나타내고 있다.

경제초점 12-12 | 베이비부머 세대

제2차 세계대전이 끝난 후 출산율이 높아지면서 생긴 세대이다. 한국에서는 6·25전쟁 이후인 1955년부터 1963년 사이에 태어난 사람들로 총인구의 14.6%인 712만 명에 이른다. 이들은 1.9명의 자녀를 두었고, 부모 생존율이 61.2%로 자식부양과 부모봉양이라는 두 마리 토끼를 잡아야 하는 힘겨운 세대이다. 이들은 한국의 산업화를 이끈 주역으로 정치적·사회적으로 큰 세대인 동시에 고령화시대에 직면하여 노후를 준비해야 할 첫 세대인 데 반해, 소득(월평균 423만 원)에 비해 소비(월290만 원)를 많이 하고 부채 또한 많아서 사회적으로 문제가 대두되고 있다.

6 재테크전략

학생시절부터 재테크를 잘했다면 사회인이 되었을 때 어떤 모습으로 세상을 살고 있을까? 학생이든 사회인이든 재테크가 필요한 것이다. 학생시절부터 절약하고 저축하는 습관을 갖는다든지 장기적인 인생설계를 계획하에 실행하는 것이 필요하다. 더불어 금융의 기초지식을 습득하고 관련 경제학 공부를 하는 것으로부터 재테크 전략은 시작된다고 할 수 있다.

그러나 20대 이상의 직장인이 되면 이제부터는 전문가의 조언이 필요한 시기가 된다. 이때부터는 장기투자상품에 관심을 가질 필요가 있다. 또한 소득 규모에 맞는 신용카드 사용을 생활화하고 소득공제 등에도 관심을 두면서 적절한 카드 사용이 요구된다.

30대가 되면 이야기는 또 달라진다. 총소득의 50%를 저축할 수 있어야 하며 주거래은행을 통해 각종 부대서비스를 활용하는 태도도 중요해진다. 적은 금액이라도 카드로 결제하는 습관, 장기주택마련저축, 보장성보험, 개인연금 등도 시작하는 것이 좋다. 이 나이 때의 기본전략은 우선 장·단기 재무목표를 설정하고, 무리한 대출을 통한 주택구입 등을 삼가며 주택구입 시기를 정하여 계획하고 실행한다. 대출금은 우선적으로 상환하며 유리한 투자상품이 있을 때에도 대출을 먼저 상환하는 기본원칙을 수행한다. 절세상품에 집중 예치하면서 투자상품에도 관심을 두는 유연함과 퇴직 후의 설계도 미리 챙기는 태도가 필요한 것이다.

40, 50대의 중년 가장이라면 향후 소득과 향후 지출, 예상치 못한 위험을 점검할 시기이다. 자녀 교육비의 지출, 퇴직 후 생활자금의

경제초점 12-13 | 투기의 역사

투기의 역사는 1630년대 네덜란드의 튤립투기로부터 시작했다. 튤립은 아시아의 오스만투르크 제국 술탄의 정원에서 가장 인기 있는 꽃이었다.

아시아의 꽃이 유럽으로 건너가면서 상류층의 상징으로 매력적인 수집품이 된 것이다. 튤립은 곧 비싼 값에 거래되기 시작했다. 이때부터 이 꽃은 구매와 판매 사이에서 발생하는 차익을 노리는 투기대상이 되었다. 결국 가격은 폭등해 튤립 한 뿌리가격이 마차와 맞먹을 지경에 이르게 된다. 그러다 공급이 증가하게 되면서 튤립가격이 폭락하고, 상투를 잡은 많은 투기꾼을 몰락시켰다. 이러한 투기는 결국 제로섬 게임인 것이다.

투자는 플러스섬 게임인 점이 서로 다른 구분이 된다. 투자는 생산을 늘려 가치를 높이고 이윤을 분배함으로써 참가자 전체의 파이가 늘어나는 것이다. 투기는 일종의 도박 같은 것이어서 누구는 따고 누구는 반드시 잃게 된다.

마련, 예상치 못한 사고에 대한 대비, 금융소득종합과세의 고려, 안정성과 수익성을 동시에 고려하는 재테크 전략이 필요하다. 60대 이후에는 보유자산의 유동성 확보에 최우선을 두어야 하고 부동산보다 금융자산에, 금융자산 중에서도 연금자산비중을 절대적으로 늘려야 한다. 특히 일정금액은 자식 등 주변으로부터 자유로운 연금자산이 필수적이다.

경제초점 12-14 | 유대인의 부자되는 비법

유대인들은 다음과 같은 세 가지 방법으로 부자가 된다. 첫째 어릴 때부터 지속적인 경제교육을 시킨다. 둘째 남들보다 10년 전에 재테크를 시작한다. 마지막, 사망보험을 다음 세대의 경제적 안정을 위해 활용한다. 예를 들어 증조부에게 아무것도 물려받지 못한 조부모는 A의 부모를 위해 500달러의 보험을 들고 죽는다. A의 부모는 그 500달러를 종자돈으로 10만 달러의 보험계약을 했고, 그 10만 달러를 가지고 100만 달러, A의 자식은 100만 달러로 1천만 달러를 만들 수 있었다.

경제초점 12-15 | 한국인의 은퇴준비는 낙제점 수준

요즘세태를 반영하는 말 중에 "늙어서 법없이는 살아도 연금없이는 못 산다"는 말이 있다. 국정홍보처의 발간자료에 의하면 전체 국민의 38% 정도가 노후준비를 전혀 하지 않고 있다고 대답했다. 이를 증명하듯이 노인층 빈곤율이 45.1%로 OECD 주요국보다 월등히 높다. 행복한 100세 준비를 위한 준비가 필요하다. 특히 은퇴 후 40년을 보내기 위한 재무적(돈) 준비와 비재무적(시간, 취미 등) 준비를 미리 설계하는 태도가 무척 중요하다. 또한 3층연금(국민연금, 퇴직연금, 개인연금)으로 퇴직 전 소득의 70% 수준을 유지해야 한다고 조언하고 있다.

도표 12-10 || 한국인들의 노후대비 방안 (단위 : %)

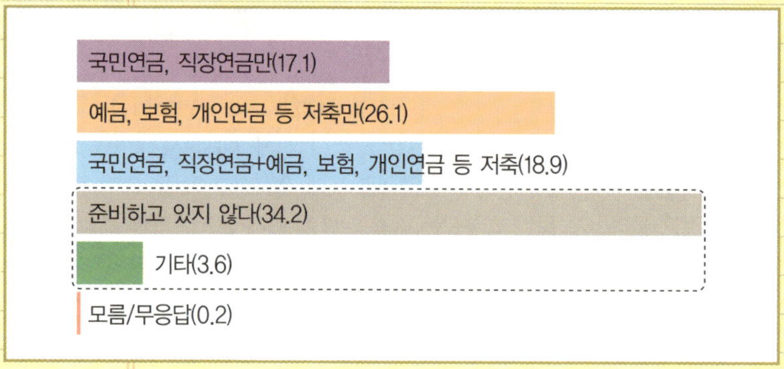

자료 : 국정홍보처

도표 12-11 || 주요국 노년층 빈곤율 (단위 : %)

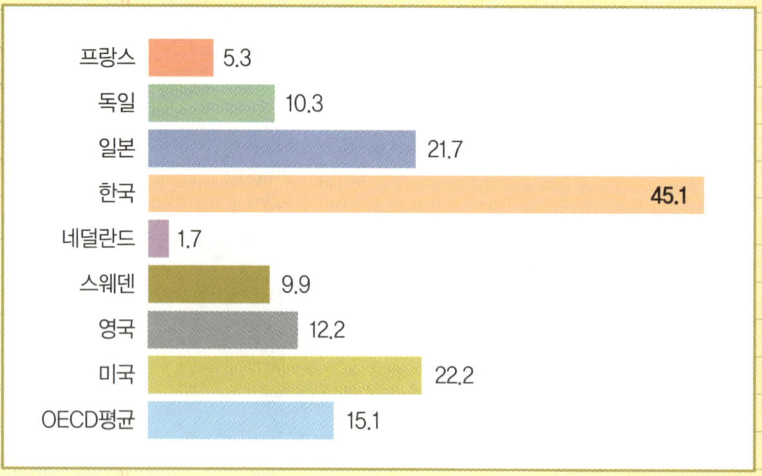

*빈곤율은 소득이 중위 소득의 절반 미만인 가구의 비율
자료 : OECD

경제초점 12-16 | 스마트금융

스마트폰을 이용하는 금융고객이 늘고 있다. 고금리를 준다고 인식되던 저축은행보다도 금리가 높기 때문이다. 스마트폰 전용예금은 대개 연리 4.7%에 이르고 있는데 이는 창구에서 가입하는 일반예금보다 1% 가량 높은 수준이다. 향후 스마트폰 보급이 더욱 더 급속도로 이루어질 것을 감안한다면 금융권도 이러한 추세에 맞추어 다양한 스마트 금융상품이 출시될 것으로 보인다. 다음은 스마트폰 금융상품의 예시이다.

은행	상품명	금리
농협	채움사이버정기예금	4.62
산업은행	KDB 다이렉트정기예금	4.5
하나은행	e-플러스 정기예금	4.4
국민은행	KB 스마트폰정기예금	4.4
신한은행	두근두근 커플정기예금	4.27
우리은행	아이터치 우리예금	3.85
기업은행	스마트펀 정기예금	3.73

주 : 1년 만기 최고 기준금리임.
자료 : 각 은행

| PART | 6

경제 이슈

CHAPTER 13

한국경제의 전망

1. 경제규모와 한국경제
2. 경제자유도의 향상
3. 고령화사회

1 경제규모와 한국경제

우리나라의 경제는 선진국의 경제와 유사해지고 있다. 2011년 세계 외환보유액 순위는 3,086억 달러로 2010년 외환보유액 2,902억 달러보다 184억 달러가 늘어나 세계 7위이다. 1위는 중국이며 그 뒤를 일본, 러시아, 대만, 브라질, 스위스 등이 뒤따르고 있다.

한국은 시시각각 변하는 외환보유액 증감에 민감하다. 한국을 비롯하여 다른 아시아국가들 역시 그렇겠지만 IMF 외환위기와 2008년 글로벌 금융위기를 통해 외환 유동성이 흔들리면 곧바로 금융위기로 이어질 수 있다는 점을 경험했기 때문이다. 그래서 외환보유액은 금융위기의 신호탄이 되는 것이며, 이를 관리하기 위해 정부는 주변 국가들과 외환을 거래하는 통화 스와프에 적극적으로 개입하여 시장을 안정시키려 노력한다.

2010년 한 해 동안 우리나라 국민이 나라 안에서는 물론 외국에

경제초점 13-1 | 글로벌 금융안전망의 중요성

글로벌 금융안전망이란 한 나라의 외화유동성이 부족해서 오는 외환위기나 전 세계적인 금융위기를 예방하고 이에 신속히 대응하기 위해 중앙은행 간 통화스와프나 IMF의 대출제도, 역내 국가 간 금융 협력체제를 통해 외화 유동성을 지원하는 것을 총체적으로 일컫는 것이다. 한 국가가 국제투자자들로부터 신뢰를 잃으면 그 나라에 유입되었던 외국자본이 다시 빠져나가거나 해외로부터 돈을 빌리기 어려워진다. 그렇게 되면 나라 전체적으로 외환이 부족해지고 외환위기에 빠지기도 한다. 이러한 상황을 미연에 방지하려면 무엇보다 평소에 경제체력을 튼튼히 하는 것이 중요하고 만일의 사태에 대비하여 준비를 해 두어야 한다. 그래서 국가비상금이라고 할 수 있는 외환보유액을 유지해야 하고, 국제사회로부터 비상지원체제라 할 수 있는 글로벌 금융안전망을 미리 구축해 두어야 하는 것이다.

서 벌어들인 소득액을 모두 합한 명목국민총소득(Gross National Income : GNI)[01] 기준에 의한 경제규모는 글로벌 금융위기 직전 수준인 2만 달러를 회복하였다. 이는 우리 경제가 경제위기에서 벗어나 정상궤도로 복귀했음을 의미하는 반가운 일이다. 그러나 정부나 기업은 발전한 반면 개인의 살림살이는 나아지지 못해 양극화현상이 더 심화된 것은 우리 경제의 또 하나의 아픔이다. 2010년 북한의 GNI는 1,074달러로 한국의 1/20 정도에 불과하다.

우리나라는 1988년 올림픽을 개최하면서 GNI가 급격히 오르다가 1997년 12월 외환보유고가 바닥이 나면서 IMF 위기가 시작되었고, 2008년에 최고점을 이루었다. 2010년 기준하여 우리나라의 1인당 국민소득 순위는 세계 34위이다. 한편 수출과 수입을 포함한 총교역

01 GNI = GDP(국내총생산) + 국외순수취 요소소득(= 국외수취 요소소득 − 국외지급 요소소득)

규모는 2010년 기준 수출액은 4,660억 달러로, 수입은 4,240억 달러로 총무역규모 순위는 9위이다.

그렇다면 2011년 기준 한국의 경제력은 몇 위일까? 경제력의 순위는 여러 가지 지표를 종합한 시장규모로 평가되는데 2010년 한국이 15위, 2011년은 8위를 기록하고 있다. 하지만 향후 가장 눈여겨봐야 할 지표가 바로 가계부채 증가추이이다. 가계부채 리스크는 우리나라 경제의 발목을 잡는 하나의 요인임에 틀림없다.

스위스 국제경영개발원(IMD)은 각 국가의 경쟁력을 경제성과, 정부, 기업, 사회간접자본의 4개 부문으로 분류하여 분석해 국가별 순위를 매기고 있다. 2011년 발표한 세계경쟁력 평가를 보면 한국이 78.499점을 기록 2010년 대비 1단계 오른 22위를 기록했다. 홍콩과 미국은 100점으로 공동 1위를 기록했다. 일본의 경우 우리나라보다 낮은 26위를 2년 연속 기록 한국보다 국가경쟁력이 낮았다. 기업효율성, 정부효율성, 인프라구축, 경제성과 등도 매년 그 순위가 상승하는 국면에 있다.

한편 경제의 자유도를 측정하는 주요 항목 중 하나인 무역자유도(trade freedom)에 있어서 우리나라는 2010년 경제자유도(economic freedom index) 지수에서 100점 만점에 70.8로 세계 114위를 기록하여 최저의 수준을 기록하였다. 이는 우리나라가 세계 10위권 내의 무역국가임에도 불구하고 정부가 유형 및 무형으로 국내시장을 보호하고 있다는 것을 의미한다. 따라서 국제화 속에서 우리나라 경제가 더욱 발전하기 위해서는 국제무역의 규모에 맞는 경제자유도를 지속적으로 높여 나가야 한다.

경제초점 13-2 | FTA

자유무역협정(FTA : Free Trade Agreement)은 특정 국가 간에 배타적인 무역특혜를 서로 부여하는 협정으로서 가장 느슨한 방식의 지역경제통합이며, 지역무역협정(RTA : Regional Trade Agreement)의 기본이다. 한국은 칠레, 페루, 미국, EU와 FTA를 체결하였다. 이는 자유무역체제를 지향하는 세계조류를 따르는 것이며, 시장규모의 확대를 꾀한다는 것이다. 물론 내수시장의 보호정책에 익숙한 이해당사자들의 불안과 반발도 있지만 우리나라만의 보호주의를 유지하면서 해외시장의 관세철폐와 자유무역을 얻어낼 수는 없는 것이다.

경제초점 13-3 | 세계화 논쟁

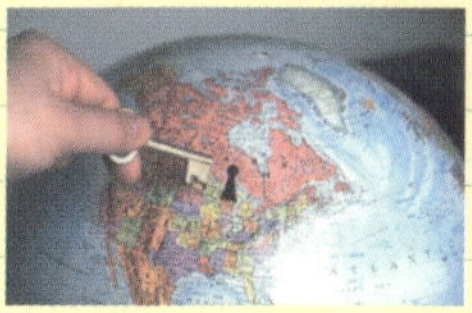

세계화에 대한 낙관론적 혹은 비관론적 시각은 팽팽하게 맞선다. 뉴스위크지에서 40개 주요 신문과 잡지를 조사한 결과, 1991년에는 불과 158개였던 세계화 관련 기사를 2000년에는 1만 7,638개나 찾아냈다고 밝히고 있다.

이들의 관심사를 보면 세계화에 대한 긍정적인 측면 못지않게 세계화의 부정적 측면도 많이 있다는 점도 확인되었다. 생활수준을 향상시키고, 앞으로 직면할 문제들을 전 세계가 함께 고민하면서 나타날 신기술에 대응을 해야 한다는 찬성론자들의 주장이 있는가 하면 반대로 부패와 환경파괴, 사회불안에 대한 폭력적인 억압 등에 대한 반대의 목소리도 높다. 따라서 수십 년간 지속되어 온 세계화의 움직임은 앞으로 더욱 촉진될 것인가, 아니면 반세계화의 방향으로 움직일 것인가? 이에 대한 논쟁도 뜨겁다.

경제초점 13-4 | 한국 세계 7번째 "20~50" 클럽에 오르다

한국이 2012년 6월 23일(추정)에 인구 5,000만 명을 돌파하면서 세계 7번째로 "20~50"클럽에 가입하게 된다. "20~50"클럽이란 1인당 소득 2만 달러(20K, K는 1,000을 나타냄), 인구 5,000만 명(50M, M은 100만을 의미)을 동시에 충족하는 나라들을 뜻한다. 국제사회에서 1인당 소득 2만 달러는 선진국문턱으로 진입하는 소득기준, 인구 5,000만 명은 인구 강국과 소국을 나누는 기준으로 통용된다. 일본이 1987년에 진입했고 그 뒤를 이어 미국, 프랑스, 이탈리아, 독일, 영국, 한국 순서로 가입되게 되는 것이다.

경제초점 13-5 | 인터넷경제 3원칙

무어의 법칙이 처음 나온 것은 인텔의 창업자인 고든 무어 박사가 1965년에 "마이크로칩에 저장할 수 있는 데이터의 양이 18개월마다 2배씩 증가한다"는 것이다. 또한 컴퓨터 성능이 거의 5년마다 10배, 10년마다 100배씩 개선된다는 내용도 포함하고 있다.

무어의 법칙은 메트칼프의 "인터넷은 적은 노력으로도 커다란 결과를 얻을 수 있다"라는 법칙, 그리고 가치사슬을 지배하는 법칙, 즉 "조직은 계속적으로 거래비용이 적게 드는 쪽으로 변화한다"는 법칙과 함께 인터넷경제 3원칙으로 불리고 있다. 한편 황의 법칙(Hwang's law)은 삼성전자의 황창규 사장이 제시한 이론으로 메모리반도체의 집적도가 1년에 2배씩 늘어난다는 것을 말한다.

최근에 이 지구상에 있던 모든 자료가 2배로 증가하는 데 걸리는 시간에 대한 논의가 있었다. 몇 주면 가능하다는 주장과 불과 몇 시간이면 된다는 주장이 있었다. 이런 시대를 바로 '빅 데이터 시대'라고 부른다. 빅 데이터란 기존의 데이터베이스관리시스템이 저장·분석할 수 있는 수준을 넘어설 만큼 거대하게 생성된 데이터의 집합 혹은 이를 분석해서 정보를 추출하는 기법이다.

2 경제자유도의 향상

개인이 한 국가에서 사업을 수행하는 데 따르는 어려움의 정도를 나타내는 지수가 바로 경제자유도(EFI : Economic Free Index)이다. 경제자유도는 경제활동을 저해하는 장애요인이 적을수록 사람들이 경제활동 참여가 증가하고 소득이 늘어나 국가의 부가 증가하므로 국부창출과 긴밀한 관계가 있다. 이러한 경제자유도 지수는 10개의 세무 항목으로 구성된다.

도표 13-1 || EFI의 10개 항목

1. 창업과 기업활동자유도	6. 투자자유도
2. 무역자유도	7. 금융기관투명성
3. 세금부담	8. 지적재산권
4. 정부지출비중	9. 부패지수
5. 인플레이션	10. 노동시장자유도

창업과 기업활동 자유도는 창업을 얼마나 많이 그리고 쉽게 하는지 그리고 사업착수 비용부담이 어느 정도이며 사업마감비용이 어느 정도인지를 측정한다. 무역자유도는 관세율과 비관세장벽이 어느 정도로 높은지를 본다. 세금부담은 개인소득세 세율, 법인세 세율, GDP 대비 세금비중을 측정한다. 정부지출 비중은 정부지출 예산이 GDP 대비 몇 퍼센트인가를 인플레이션은 3개년 평균 물가상승률 점수로, 투자자유도는 투자활동에 정부의 규제가 얼마나 존재하는지를 계산하여 측정한다. 금융기관투명성은 금융기관에 대한

정부규제, 신용정책에 대한 정부영향, 외국인에 대한 개방도, 금융시장 발달 정도를 보며, 지적재산권은 지적재산권의 보호 정도를 측정한다. 부패지수는 얼마나 부패했는지 부패지수(CPI)로 측정되고 노동시장자유도는 기업이 사원 1명을 채용하는 데 드는 비용을 통해 평균임금 대비 최저임금의 수준, 해고의 용이성, 해고비용 등을 측정한다.

미국 해리티지재단이 실시한 '2012년 경제자유도' 순위 조사에서 홍콩이 1위를 차지했다. 해리티지재단은 올해 179개국을 대상으로 각국의 정부규제 정도, 시장개방성 등을 토대로 조사를 실시했다. 이 결과에 따르면 지난해에 이어 올해도 홍콩이 1위를 차지했다. 미국은 10위, 한국은 31위, 북한은 179위인 꼴찌를 차지했다. 한국은 경제활동이 상당히 자유로운(mostly free) 국가군에 속하는 것으로 분류된 것이다. 세계화 흐름 속에서 수출의존적인 우리나라 경제가 더욱 발전하기 위해서는 국제무역의 규모에 걸맞은 경제자

경제초점 13-6 | 국가부패지수

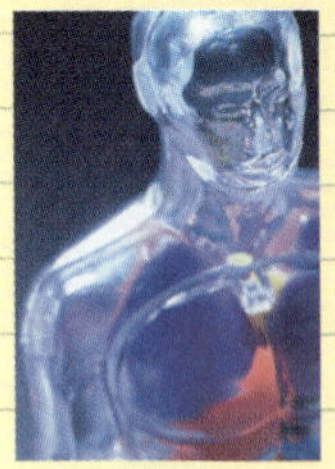

국제투명성기구(TI : Transparency International)에서 1995년부터 발표하고 있는 국가별 부패지수이다. 이 기구는 국제사회에서의 부패추방을 목표로 국제기구와 각국 정부에 대해 국제 부패방지법 제정을 촉구하는 한편 이를 위한 연구 및 정보수집 등의 활동을 하고 있는 비정부기구(NGO)이다. 여기서 발표하는 국가별 부패지수(CPI) 보고서는 공무원 및 정치인들에 있어 부패가 존재하고 있다고 인식되는 정도에 기초하여 각국의 부패 정도를 수치화해 국가별 순위를 매긴 것으로 1995년 처음 발표부터 국제사회에 엄청난 반향을 불러 일으켰다. 한국은 2010년 기준 40위권이며 뉴질랜드가 2006년 이후 계속 1위를 차지하고 있다.

유도를 지속적으로 높여 나가야 한다.

경제초점 13-7 | 아시아 자본시장에 이정표를 세운 삼성전자 외환채권

2012년 4월 3일 자본시장에 획기적인 사건이 발생했다. 삼성전자가 5년 만기 글로벌 본드를 미국재무부 국채(5년물)수익률에 80bp(1bp=0.01%)를 더한 금리발행에 성공했다. 이는 삼성전자가 아시아기업은 물론 한국정부가 발행한 채권보다 낮은 금리로 해외 채권발행에 성공했다는 것이다. 표면금리 1.75%로 아시아기업 중 가장 낮은 수준이다. 한국정부가 발행한 외국환 평형기금채권의 유통수익률이 147bp인 점을 감안하면 훨씬 낮은 수준의 금리이다. 이런 결과를 가져올 수 있었던 이유 중의 하나가 2012년 1/4분기 삼성전자의 스마트폰 판매율이 28.2%(4,100만 대)로 애플의 22.4%(3,260만 대)를 제쳤다는 것이다. 삼성전자에 이어 제2, 제3의 회사가 나왔으면 하는 생각을 해본다.

도표 13-2 || 국내기업 글로벌본드 발행금리

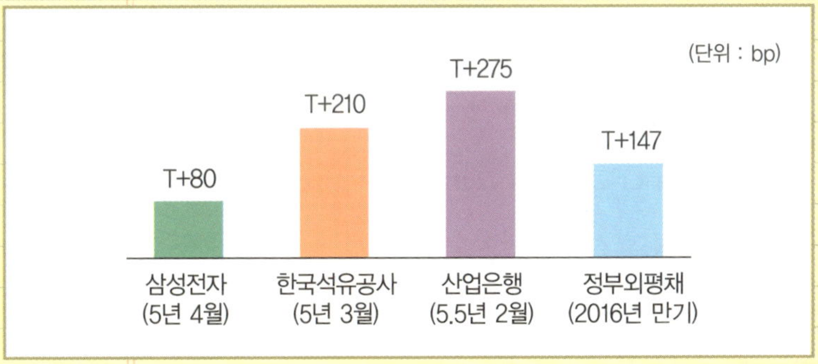

*( )안은 만기 및 발행시기, 외평채는 유통금리
*T=미국재무부국채수익률(5년), 1bp=0.01%

3 고령화사회

우리 경제의 대내적인 여건을 보면 향후 출산율 하락과 평균수명의 연장으로 인구구조가 급속하게 고령화될 것으로 예상되고 있다. 통계청에 따르면 2011년 산모의 평균 연령은 31.45세였으며, 합계출산율[01]은 1.24명으로 OECD 국가 중 꼴찌였다. 통계청이 발표한 2012년 한국인의 평균수명을 보면 여자가 83.8세 남자가 77세로 나타났다. 이렇듯 출산율 하락은 여성의 경제활동참가 증가 등에 그 이유가 있다.

유엔에서 정한 분류에 의하면 65세 이상 노인인구 비중이 7%를 넘으면 고령화사회(aging society), 14%를 넘으면 고령사회(aged society), 20%를 초과하면 후기고령사회(post aged society) 혹은 초고령사회(super aged society)라고 하는데 우리나라는 2000년 이미 7.2%로 고령화사회에 진입했고 2008년에는 무려 10.3%에 이르렀다. 이러한 추세로 간다면 2019년 고령사회, 2026년 초고령사회에 진입할 것으로 전망되고 있다.

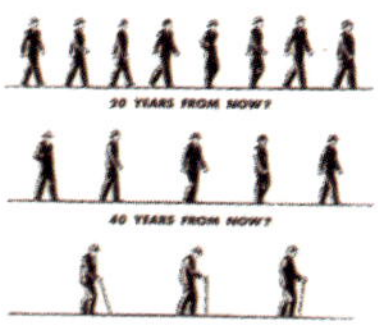

인구의 고령화 요인은 출생률의 저하와 사망률의 저하에 있다. 평균수명이 긴 나라가 선진국이고 평화롭고 안정된 사회를 상징하는 의미에서 장수는 인간의 소망이기도 하지만, 반면 고령에 따르는 질병 · 빈곤 · 고독 · 무직업 등에 대응하는 사회경제적 대책이 고령화사회가 직면하게 되는 문제가 되기도 한다. 그러므로 인생도 즐기면

01 여성 1명이 평생 낳을 것으로 예상되는 평균 출생아수

서 노후도 착실하게 준비해야 하는 시대에 살게 된 것이다.

경제초점 13-8 | 고령사회의 과제

수명은 길어졌지만 경제적 생산력이 떨어지거나 없어지기 때문에 고령사회의 노인의 생계와 복지의 문제가 커다란 과제가 되고 있다. 단순생존에 필요한 의식주는 물론이고 신체의 노화에 따라 증가되는 의료서비스와 삶의 의미를 찾을 수 있는 대책 마련이 필요하다. 최근에 독일은 정년을 67세로 늘리고 영국은 68세로 연장하였으며 핀란드는 68세까지 일하는 노인에게 보너스 연금을 준다고 발표했다. 일본 역시 정년제를 폐지해 70세까지 고용하는 목표를 세웠다. 50대 정년이 일반화되어가고 있는 요즘 고령사회에 대비하는 지혜가 필요한 시점이다.

※ 노후생활자금 준비 시 고려할 사항

① 빨리 시작하라.
② 자금의 유동성을 높여라.
③ 은퇴용 주머니를 따로 차라.
④ 부부가 각각 은퇴자금을 준비해라.
⑤ 은퇴 이후의 소비패턴을 고려하라.

CHAPTER 14

트랜디 경제용어

■ 더블딥(double dip)

경기침체 후 잠시 회복기를 보이다가 다시 침체에 빠지는 이중침체현상을 말한다. 이는 경제학에서 불황에 빠졌던 경기가 1,2분기 등의 단기간 회복됐다가 다시 불황에 빠지는 상태로 주로 W자형의 불황을 의미한다. 미국의 경우 1933년 초부터 대공황에서 조금씩 벗어나다 1933년부터 1936년까지 정부지출의 확대와 통화공급 증대에 힘입어 연평균 9%의 활발한 경제성장을 이룩했다. 그러나 이러한 회복은 일시적인 현상이었고, 1937년에 다시 제2의 불황에 접어들게 되었다. 경기침체가 오면 정부는 정부지출을 늘리는 재정정책과 금리를 낮추는 통화정책을 쓰는데, 정부가 가지고 있는 돈에도 한계가 있기 때문에 언젠가는 재정지출을 줄이고 금리를 올리는 출구전략을 써야 한다.

■ 출구전략(exit strategy)

출구전략이란 경제회복을 위해서 공급되었던 유동성이나 각종 완화정책을 경제에 큰 부작용없이 서서히 거두는 전략을 말한다. 리먼브라더스사태 이후 글로벌 각 국가의 금리인하나 대규모 재정투입으로 공급된 과잉 유동성이 인플레이션 등 부작용을 초래하는 것을 막기 위해 금리인상을 비롯한 각종 긴축조치를 통해서 자금을 다시 흡수하는 것을 말한다. 이러한 출구전략의 시행시기가 너무 빠르면 해당정책의 효과가 충분히 발생하기도 전에 철회하는 것이 될 수도 있고, 너무 늦으면 부작용이 커질 수 있다.

■ 모라토리엄(moratorium)

모라토리엄은 국가나 지방자치단체(지자체)가 외부에서 빌린 돈에 대해 일방적으로 만기에 상환을 미루는 행위를 통칭한다. 기업이나 개인이 파산이나 지불유예를 선언하는 것과 달리 국가의 이와 같은 지불거부는 그 후유증도 한층 심각하다. 국가의 경우 통화가치가 급락하고 실물경제에도 심대한 타격을 미친다. 국가신인도에 장기간 부정적인 영향이 가는 것은 물론이다.

■ 양적완화정책

양적완화정책(quantitative easing policy)이란 중앙은행이 통화를 시중에 직접 공급해 신용경색을 해소하고, 경기를 부양시키는 통화정책이다. 이는 중앙은행이 정부의 국채나 여타 다양한 금융자산의 매입을 통해 시장에 유동성을 공급하는 정책이다. 양적완화정책의 구체적 방법으로는 중앙은행이 신규로 국채를 매입하거나 보유하고 있는 유가증권의 만기가 찾아옴에 따라 회수된 자금을 국채매입에 재투자하는 등의 방법이 있다.

■ 트리플악재

2008년 외환위기 당시 일어난 경제현상으로 환율폭등, 주가폭락, 채권폭락 등 3가지 좋지 않은 상황이 동시에 발생하는 경제현상이다. 대개 유가, 금리, 경기 등의 지표로서 한 가지 지표가 다른 지표에 영향을 주면서 생겨나는 현상이다.

■ 내부거래

한 그룹 내에서 계열사끼리 물건을 사주거나 인력을 지원하는 거래를 말하며 주로 30대 재벌이 자금, 자산, 인력, 상품, 용역거래를 하면서 계열사와 비계열사를 차별대우 하는 행위이다.

■ 경기동향지수(DI : Diffuion Index)

과거의 경기동향과 실적을 토대로 산출된 주요 경제지표 추세를 분석해서 현재의 경기상태가 과열, 안정, 침체 중 어디에 해당하는지를 나타내는 종합경기지표로, 경기순환에 따르는 경기침체를 방지하고 지속적인 성장정책을 추구하기 위해 개발되었으며, 이 지수가 50을 초과하면 경기확장을, 50 미만이면 경기수축을 나타내며, 50이면 경기가 전환점에 있는 것으로 간주된다. 경기국면 및 전환점 판단에 유용한 자료로 우리나라에서는 한국은행에서 이 지표를 18개 계열로 나누어 조사하고 있다.

■ 기펜의 역설(Giffen's paradox)

재화의 가격이 떨어지면 그 재화의 수요량은 늘어나게 되고 가격이 오르면 줄어드는 것이 보통이나 가격이 떨어졌는데도 그 재화를 소비하는 대신 그 재화보다 우등한 재화를 소비함으로써 오히려 그 재화의 수요가 감소하게 되는 현상을 말한다. 이는 가격이 떨어짐으로써 실질적으로 늘어난 소득을 가지고 우등재를 구입하기 때문에 발생되며 이러한 현상을 기펜의 역설, 이러한 재화를 기펜재라고 한다.

■ 세이의 법칙(Saly's law)

프랑스 경제학자 세이(J.S. Say)가 주장한 이론으로 판로설(販路設)이라고도 불린다. "공급은 스스로 수요를 창조한다"라고 하여 자유경쟁의 경제에서는 일반적 생산과잉은 있을 수 없으며, 공급은 언제나 그만큼의 수요를 만들어 낸다는 주장이다. 이 이론은 고전학파 경제학의 기본사상이었으나 공황발생 이후부터는 설득력을 잃고 케인즈의 유효수요이론이 강력한 설득력이 더해졌다.

■ 엠바고(embargo)

일정국가와 직간접으로 교역, 투자, 금융거래 등 모든 부분의 경제교류를 중단하는 금수조치로, 보통 정치적인 목적에서 어떤 특정국을 경제적으로 고립시키기 위해 사용된다. 대상국과는 원칙적으로 모든 경제교류가 중단되나, 인도적 교류나 문화 · 체육분야의 교류에는 예외가 인정되는 것이 보통이다.

■ 피구효과(pigou effect)

임금의 하락이 고용의 증대를 가져온다는 피구(A.C. Pigou)의 이론으로, 기업의 임금인하는 사람들이 보유하고 있는 현금이나 예금잔고의 실질가치를 인상하는 결과가 되어 일반물가수준이 하락하게 된다. 이러한 실질현금잔고의 증가는 소득에 변화가 없더라도 소비지출을 증가시키므로 결과적으로 고용을 증대시키는 효과를 가져온다는 것이다.

■ 톱니효과(ratchet effect)

한번 상승된 소비수준은 소득이 감소하더라도 과거 최고소득에 영향받아 감소한 만큼 소비가 줄지 않는다는 것을 말한다.

■ 부메랑효과(boomerang effect)

선진국이 후진국에 대하여 제공한 경제원조나 자본투자 결과 그 생산제품이 현재 시장수요를 초과하게 되어 선진국에 역수출됨으로써 선진국의 당해 산업과 경합하게 되는것을 말한다.

■ ADB(아시아개발은행)

ADB는 아시아개발도상국의 경제발전을 위한 자금을 융자하기 위해 1966년 설립된 국제개발은행이다. 매년 열리는 연차총회는 회원국 대표들이 모여 지난 1년간의 활동에 대한 결산보고서와 당해 년도 예산안을 승인하고 경제전망에 대한 보고서를 낸다.

■ DDA(도하개발아젠다, Doha Development Agenda)

2001년 11월 14일 카타르 도하에서 열린 제4차 세계무역기구(WTO) 각료회의에서 새로이 출범시킨 다자간 무역협상을 말한다. 즉 DDA는 뉴라운드의 공식명칭이다. WTO는 우루과이라운드 이후의 새로운 다자간 무역협상을 명명하면서 '도하개발아젠다'라고 부르기로 하였다. DDA협상은 1995년 WTO체제 출범 이후 최초의 대규모 다자간 무역협상이다.

■ FTA(자유무역협정, Free Trade Agreement)

2개 이상의 국가가 서로 관세와 수입제한제도를 철폐해 통상을 자유화함으로써 무역의 증진을 꾀하는 지역 간 협정을 말한다. 이는 각 나라 간 교역을 자유화할 경우 무역거래와 국제분업이 확대되어 서로의 이익이 증대될 것이라는 자유주의경제이론에서 출발했다. 협정이 체결되면 당사국 간에는 세금이 면제되고 무역장벽도 없어져 투자나 서비스 및 경쟁시장이 상호 개방된다. 그러나 국방 등 특수사정을 이유로 극히 일부 품목의 예외를 인정하기도 한다.

■ WEF(다포스포럼, World Economic Forum)

세계의 저명한 기업인, 경제학자, 저널리스트, 정치인 등이 모여 세계경제에 대해 토론하고 연구하는 국제민간회의로 1971년 하버드대 클라우스 슈바브에 의해 창립되었으며, 정식명칭은 세계경제포럼이지만 스위스의 다보스에서 매년 초 총회가 열려 '다보스포럼'으로 더 알려져 있다. 세계 1,000대 기업의 기부금으로 운영되어 대기업위주이고 참가자격도 까다로워 '영리적이고 폐쇄적인 사교모임' 이라는 비난을 받고 있다.

■ G20정상회의

G20의 G는 그룹(Group)의 약자로 '모임' 을 뜻하며 G20은 '주요 20개국 모임' 을 말한다. G20은 기존의 선진국 중심의 G7에 신흥국 12개국, 유럽연합의장국을 포함하여 1999년 만들어졌고 2008년 미국발 금융위기를 계기로 확산되어 글로벌 금융위기에 따라 'G20 정상회의' 가 결성되었다. 주요 의제로는 국제금융현안이나 특정 지역의 경제위기 재발방지책, 선진국과 신흥시장 간의 협력체제 구축 등이 논의된다. 'G20정상회의' 는 처음 경제위기 극복을 위한 한시적 협의기구라는 성격이 강했으나 제3차 피츠버그 정상회의 이후 세계경제 문제를 다루는 최상위 포럼으로 격상되었다. 제5차 정상회의가 2010년 11월 11~12일 한국의 서울에서 열렸다.

■ 듀크족(Dewks)

아이가 있는 맞벌이 부부의 호칭으로 1999~2000년 미국경제의 호황으로 맞벌이 부부들이 이제 아이를 낳고도 잘살 수 있다는 자신감이 생기면서 변화된 가족생활 패턴으로 고소득 · 고학력라는 특징을 가졌으며 듀크족의 증가에 따라 사회적 지형이 바뀌고 있다. 특히 육아에 관한 사회적 관심이 커지고 남녀의 역할경계가 허물어지며 중산층 여성들의 정치적 목소리가 커지고 있다. 그러나 듀크족의 등장에도 여성이 육아의 80%를 담당하고 있어 여성들은 2개의 전일제 직업을 갖

고 있는 것으로 나타났다

■ 프로슈머(Prosumer)

프로듀서와 생산자 간의 소비자를 뜻하는 컨슈머의 합성어로, 프로슈머는 시장에서 느끼는 체험과 아이디어를 통해 기업에 직접 상품개발을 요구하고 기업을 이를 받아들여 신제품을 개발하고 일정의 활동비 내지는 상품을 지원하는 형태로 기업들의 고객만족 경영에 큰 도움을 주고 있다.

■ BIS 자기자본비율

국제결제은행(The Bank of Settlements)의 산하기구인 바젤위원회(선진10개국 중앙은행 총재회의)가 은행의 자기자본에 대해 국제적으로 통일된 기준을 마련해 시행하는 것으로 은행의 자기자본비율을 최저 8%로 설정하고 있다. 8%는 은행이 거래기업의 도산 등으로 부실채권이 갑자기 늘어나 경영위험에 빠져들게 될 때 이에 대처하기 위해서 필요한 최소수준의 자기자본비율이다. 1997년 IMF 긴급자금을 조달하는 과정에서 IMF와 합의하에 국내 은행에 대해서는 출자전환 등으로 회생시키고 나머지 은행에 대해서는 퇴출 등의 조치를 취했다.

■ HTS(홈트레이딩 시스템)

개인투자자가 객장에 나가지 않고 집이나 사무실에서 주식거래를 할 수 있는 프로그램으로, 초기에는 시세를 보여주고 주문하는 기능밖에 없었지만 이제는 각종 지표분석부터 매

매시점까지 판단할 수 있도록 설계되었으며, 특히 각 종목의 등락에 따른 매매조건을 입력해 놓으면 자동적으로 매매를 진행하는 시스템 트레이딩 기능이 중점적으로 개발되어 있다.

■ 미투(Me Too)상품

경쟁사의 인기 제품을 모방해 기존제품의 인기에 편승하는 방법으로, 무임승차인 방면 정당한 영업전략으로 인정받기도 한다. 특히 식음료업계에 흔한 전략으로 그 예로 비락 '식혜'가 성공하자 60여개 업체가 뛰어들었으며, 또한 한국야쿠르트의 '윌'이 성공하자 매일유업의 '구트', 남양유업의 '위력'이 따라서 판매하였다.

■ 파랑새증후군/피터팬증후군

빠르게 변해가고 있는 현대사회에 적응하지 못하거나 현재의 직업에 만족하지 못하는 직장인을 일컫는 용어로 욕구불만이나 갈등, 스트레스 때문에 발생하는 심리적 긴장이 신체적인 증상으로 나타난다.

※ 피터팬증후군 : 성년이 되어도 어른들의 사회에 적응할 수 없는 '어른아이'와 같은 남성들에게 나타나는 심리현상임

■ 코스닥시장

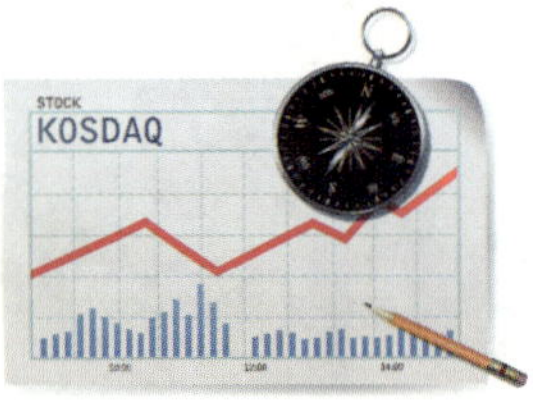

KOSDAQ(Korea Securities Dealers Automated Quotations)시장이라 함은 '협회중개시장'을 말하며, 증권거래소시장과는 별도의 시장으로서 증권업협회에 등록된 주식이 매매되는 장외시장이다. 이 협회중개시장은 광의의

장외시장 중에서 증권거래법에 의하여 증권업협회가 운영하는 제2의 증권시장이다. 코스닥시장에서 거래되는 증권은 주로 비상장 유망중소기업, 벤처기업, 등록기업이 발행한 주식과 상장채권 및 비상장채권 등이다.

■ 다우존스지수

다우존스지수(Dow Jones Average)는 미국의 다우존스사가 1884년부터 발표해 전 세계적으로 가장 오래되고 널리 알려진 주가지수로 주가지수의 원조이다. 대표적인 우량주만 골라 그 종목의 주가평균을 산출하는 지수이다.

■ 이격도(disparity)

주가가 이동평균선에서 떨어져 있는 정도를 나타내는 용어로 이동평균선의 단점을 보완하기 위해 사용하는 보조지표가 이격도이다. 이격도는 당일의 주가를 이동평균수치로 나누어 계산하며 이동평균선과 마찬가지로 20일, 60일, 120일 이격도가 있다. 주가는 이동평균선에서 멀어질수록 이동평균선 가까이 다가가려 하고, 이동평균선에 가까워질수록 이동평균선에서 다시 멀어지려는 파동운동을 반복하는 특징이 있는데, 이격도와 이동평균선과의 편차가 클수록 주가는 이동평균선으로 되돌아오려는 경향을 보이게 된다.

■ DR(Depositazy Receipt)

주식예탁증서는 국제 간에 걸친 주식의 유통수단으로 이용되는 대체주권으로서, 국내에 상장되어 있는 주식시장이 아닌 다른 외국시장에 주식을 매각 또는 유통시키고자 할 때 발행하는 증서로 외국자본 유치방법으로 DR을 발행한다. DR을 발행하는 이유는 외국주식을 자국시장에서 유통시키는 경우 원주식은 주권의 수송문제, 언어와 관습의 차이에서 초래되는 문제점이 있기 때문에 이를 해결하기 위해 우선 국내에서 원주를 발행하여 이 주식을 은행에 맡기고 그 대신 맡겼다는 증서를 받는데 이 증서가 바로 주식예탁증서이다.

■ 이동평균선(moving average)

주가는 상승, 고점, 하락, 저점의 파동을 그리며 움직인다. 이를 그래프로 작성하여 주가가 어떤 변동 모습을 그리고 있는가를 분석하게 되는데, 이때 이용되는 것이 주가이동평균선이다. 이는 과거 주가를 합하고 일수로 나누어 계산하는데, 적용되는 일수에 따라 20일선, 60일선, 120일선으로 각각 구분된다.

■ PER(주가수익률, price earning ratio)

PER(price earning ratio)는 주가가 1주당 순이익의 몇 배인가를 나타내는 것으로 수익성을 중시하는 지표로 PER가 낮다는 것은 수익에 비해 현재주가가 낮은 수준이라는 것이다.

※ PER=대상종목의 단수주가평균/대상종목의 1주당 세후순이익금 평균액

■ 프로그램매매(program trading)

주가지수를 거래하는 선물시장과 주식시장(현물시장)의 가격이

일치하지 않는 현상을 이용한 매매기법 중의 하나가 프로그램매매이다. 즉, 비싼 것은 팔고, 싼 것은 사는 차익거래를 하는 것으로, 현물과 선물주식을 동시에 매매하려면 컴퓨터 프로그램을 통해 한꺼번에 주문을 내야 하기 때문에 프로그램매매라 한다. 선물을 사고 현물을 팔 때를 프로그램매도(매도차익거래)라 하며, 선물을 팔고 현물을 살 때를 프로그램매수(매수차익거래)라 한다.

■ 주가의 결정원칙

주식시장의 주가는 수많은 사람들의 공급량과 수요량에 의해서 결정된다. 따라서 증권시장에서는 이러한 수많은 거래를 효율적으로 성사시키기 위해 가격우선의 원칙, 시간우선의 원칙, 수량우선의 원칙 등 3가지 기본원칙을 정해두고 있다.

- 가격우선의 원칙 : 매수주문이라면 비싼 것부터, 매도주문이라면 싼 것부터 주문이 성립된다.
- 시간우선의 원칙 : 동일한 종목의 주문이 동일한 가격으로 나오는 경우 빨리 주문한 것부터 거래가 체결된다. 증권시장은 오전 9시부터 12시까지 전장거래가 이루어지고, 점심시간 동안 휴장을 한 후 오후 1시부터 3시까지 후장거래가 이루어진다. 그러나 전장과 후장이 시작되기 이전에 들어오는 주문은 모두 동시에 나온 주문으로 보아 시간우선의 원칙이 적용되지 않고 주문량이 많은 것부터 우선적으로 체결되는데, 이를 동시호가라고 한다.
- 수량우선의 원칙 : 동일한 가격으로 동일한 시간에 주문이 있는

경우에는 주문량이 많은 투자자의 주문이 우선적으로 체결된다.

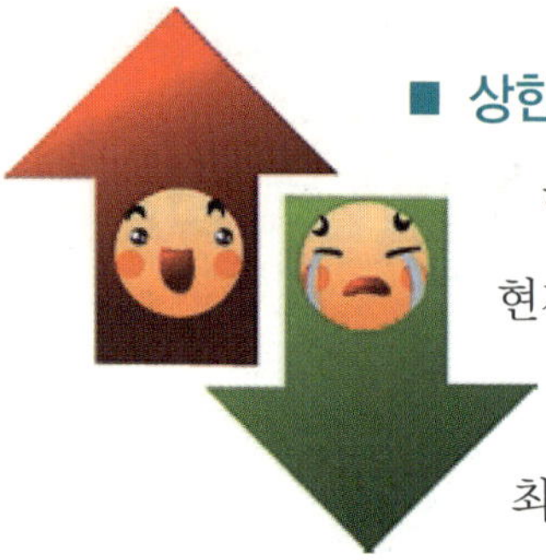

■ 상한가, 하한가

하루에 개별종목이 움직일 수 있는 제한폭을 말하는 것으로, 현재 전날 종가에서 15% 이상 움직일 수 없도록 되어 있다. 상한가를 쳤다는 것은 그 날 오를 수 있는 제한폭만큼 주가가 최고한도까지 뛰었다는 것을 뜻한다.

■ 부동산 프로젝트 파이낸싱(Project Finance or Project Financing)

은행과 저축은행, 보험 등 금융회사들이 부동산개발 등 특정한 사업을 담보로 당해 프로젝트를 수행하는 데 필요한 자금을 조달해 주는 대출상품을 말한다. 대출상환금은 사업에서 발생하는 수익금으로 충당되기 때문에 사업주는 담보가 부족하거나 신용도가 낮더라도 자금의 조달이 수월하며, 프로젝트 추진과정에서 발생할 수 있는 위험 또한 모기업으로부터 분리할 수 있는 장점과 함께 일반대출보다 높은 수익을 기대할 수 있다.

■ 총부채상환비율(DTI : Debt To Income)

주택담보대출을 받을 때 연간 상환해야 하는 금액을 연소득의 일정비율로 제한한 것으로 연간수입에서 원리금을 상환할 수 있는 능력 내에서 대출이 이루어진다 총소득에서 해당대출의 연간 원리금 상환액과 기타 부채의 이자상환액을 합한 금액이 차지하는 비중의 수치가 낮을수록 상환능력이 높다고 해석할 수 있으며, 상환기간이

길수록 연간상환액은 감소하므로 상환기간을 통한 대출규모의 조절이 가능하다.

■ 주가지수옵션거래

주가지수를 장래 일정시점에 사거나 팔 수 있는 권리를 매매하는 것이다. 옵션거래방법으로는 증권사를 통해 종목, 수량, 가격 등을 주문표에 기재하면 된다. 기존주식과는 별도의 계좌가 필요(선물거래계좌는 가능)하다. 계좌를 만들 때 최소증거금 1,000만 원 이상의 현금이나 유가증권을 기탁해야 한다.

■ 햇살론

2010년 7월 26일 상호금융기관과 저축은행에서 판매 개시한 상품으로 대부업 등에서 30~40%대의 고금리를 부담해야 하는 저신용 · 저소득 서민에게 10%대의 저금리로 대출을 해주는 서민대출 공동브랜드를 말한다. 신용등급 6등급 이하의 저신용 계층과 신용등급 없이도 대출이 가능한 차상위계층, 기초생활수급자, 연소득 2,000만 원 이하 자영업자, 농림어업인, 근로자 등이 대출대상자이다.

■ 오픈프라이스(Open Price)

제품가격의 투명성을 높이고 소비자의 합리적인 구매선택을 돕기 위해 도입된 제도로, 제조업체가 '권장소비자가격'을 제품에 표시하지 않고 유통업체가 실제 판매가격을 결정해 표시하는 제도로 '권장소비자가격 표시 금지제도'라고도 한다. 제조업체가 적정치 못한 권장소비자가격을 정하고 또

그 기준에 따라 할인율이 적용되기 때문에 그 할인율이 지나치게 큰 것처럼 소비자들을 현혹시키는 문제점을 방지하는 효과가 있다.

■ 어닝서프라이즈(earning surprise)

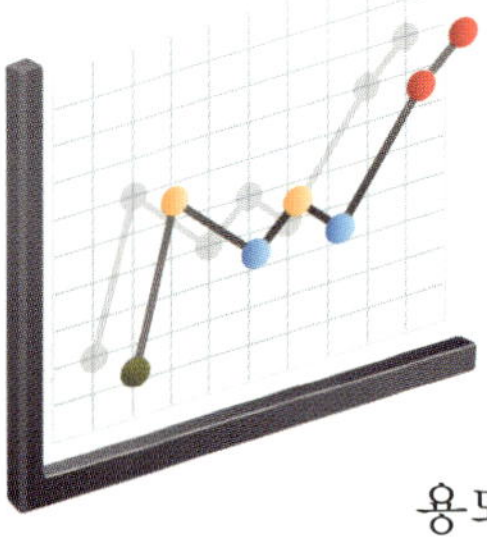

기업이 실적 발표 시 시장에서 예상했던 실적과 다른 발표를 하는 것을 말한다. 시장의 예상치보다 실적이 저조하면 기업이 아무리 좋은 실적을 발표해도 주가가 떨어지기도 하고 반대로 저조한 실적을 발표해도 예상치보다 높거나 낮은 두 가지 경우 모두를 나타내지만 통상 서프라이즈의 의미가 좋은 의미로 사용되기 때문에 실적이 예상치보다 높은 경우를 일컫는다.

■ 워크아웃(workout)

주채권은행을 중심으로 한 채권단이 해당기업과의 자율적인 협약에 따라 부실기업의 재무구조를 개선해 회사를 회생시키는 것이다. 일시적인 유동성 부족 등으로 외부기관의 도움만 받으면 쉽게 회생할 수 있을 때, 법정관리에 비해 의사결정이 빨리 이루어지는 것이 장점이다. 채권단이 원리금 탕감, 상환유예, 출자전환 등을 포함한 기업개선계획안을 마련, 총채권액 기준 75% 이상 승인을 받으면 효력이 발생한다. 해당 기업도 고통분담차원에서 인원 · 조직축소와 유휴자산매각, 감자, 부실경영진 퇴진 등의 강력한 구조조정 조치를 전제로 한다.

■ 사이드카(side car)

선물시장이 급변할 경우 현물시장에 대한 영향을 최소화함으로써 현물시장을 안정적으로 운용하기 위해 도입한 프로그램으로, 지수 선물가격이 전일 종가 대비 5% 이상 상승 또는 하락해 1분간 지속될 때 발동하며, 일단 발동되면 발동 시부터 주식시장 프로그램 매매호가의 효력이 5분간 정지된다. 그러나 5분이 지나면 자동적으로 해제되어 매매체결이 재개되고 주식시장 후장 매매 종료 40분 전(14시 20분) 이후에는 발동할 수 없으며, 또 1일 1회에 한해 발동이 가능하다.

■ 뮤추얼펀드(mutual fund)

증권투자자들이 이 펀드의 주식을 매입해 주주로서 참여하는 한편, 원할 때는 언제든지 주식의 추가발행환매가 가능한 투자신탁이다. 투자방법에 따라 보통주펀드, 균형펀드, 수익펀드, 채권 및 우선주펀드 등이 있으며, 보통주펀드의 규모가 가장 크다.

■ 헤지펀드(hedge fund)

국제증권 및 외환시장에 투자해 단기이익을 올리는 민간투자기금이다. 대표적인 것으로는 소로스의 퀀텀펀드, 로버트슨의 타이거펀드 등이 있다. 모집은 물론이고 투자대상과 실적 등이 베일에 싸여 있다. 언제 어디서 투기를 할 지 모른다는 점에서 '복병' 으로 인식된다.

경제초점 14-1 | 자녀를 위한 경제교육

교회에서 실시하는 부부 경제세미나에 참석하여, 강의도 한 시간 하고 다른 사람의 강의도 한 시간 들을 수 있는 기회를 갖게 되었다. 2000년 IT버블, 2008년 주가급등과 서브프라임 모기지사태 등등 다양한 경제이야기들이 쏟아지는 가운데, 경제학 강사는 매월 자신의 초등학생 딸에게 경제학 공부를 시킨다고 하면서, 자신만의 비법이라며 묘수 한 가지를 털어 놓았다. 그 딸에게 매월 일기장에 칸을 채우게 하는데, 6가지 지표는 경제성장률, 물가상승률, 소비자심리지수, 국제유가, 환율, 종합지수란다. 지금까지 어느 경제학자에게도 듣지 못한 조금은 황당하고 무리한 답이라는 생각과 함께 내가 그 수업에서 얻은 것은 어찌되었든 조기 경제학 교육과 그 6가지 지표이다.

경제교육은 일종의 생활교육이다. 부모가 솔선수범하면서 아이 스스로 배우게 하는 것도 좋은 경제교육이요, 아이가 공감할 행동지표를 만들고 부모가 실천하면서 아이와 함께 답을 찾아가는 것도 매우 중요한 경제교육이 된다.

경제지식을 마스터 할 수는 없어도 경제원리에 충실하면서 경제지식을 갖추는 데 게을러서는 안 된다. 흔히들 "내가 대학을 다시 들어간다면 지금보다 훨씬 더 연애를 잘했을 것 같아!"라고들 푸념한다. 아니다. 연애를 잘하는 시대로 돌아가기보다는 청년이었던 20대가 되기 전에 경제지식을 공부하였더라면 지금보다는 더 나은 삶을 살고 있을 것이 분명하다. 따라서 우리들의 자녀에게도 20대가 되기 전에 부지런하게 경제지식을 가르쳐야 한다.

경제초점 14-2 | 경제감각

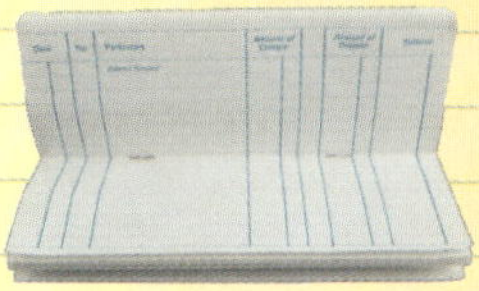

「내 아이를 위한 3개의 통장」이라는 책이 출간되었다. 이 책에는 아이들에게 미래의 경제교육을 통해 경제관뿐 아니라 지능 또한 향상시킬 수 있다고 말하고 있다. 3개의 통장을 활용해 아이가 결혼할 때까지 8억 원을 준비하는 게 가능하다는 주장이다. 아이가 초등학교에 입학하여 매월 20만 원을 투자할 경우 연 13% 수익률 가정 하에 27세는 2억 원이 넘는 돈을 만질 수 있다는 것이다.

일반 사람들이 회사에 입사하여 매월 20만 원을 동일 조건으로 저축했을 때 37세에 5천만 원을 고작 모을 수 있다고 비교하고 있다. 3개의 통장으로 실제 투자를 하며 경제감각을 익힌 아이의 경제능력의 위대함을 역설하고 있다. 그러면서 흥미롭게도 1개의 적금통장 외에 금통장, 주식통장을 가지고 장기투자를 권하고 있는 것이다. 유태인들의 자식에 대한 경제감각 교육도 널리 알려져 있다. 부모와 함께 금융권을 찾아 자녀에게 통장을 개설해주는 행위는 자산을 유산으로 물려주는 것이 아니라 보이지 않는 경제감각을 유산으로 물려주는 것이라는 점을 기억하자.

경제초점 14-3 | 경제전쟁

호메로스가 선대로부터 내려온 설화를 에피소드 형식으로 엮어 만든 서사시인 「일리아스」에는 그리스의 도시 일리온을 침략한 전쟁이야기가 나온다. 그것이 바로 트로이전쟁이다. 이러한 문화작품 속의 트로이전쟁은 최근 신화가 아닌 실화이며, 그동안 전해졌던 왕족 간 연애문제가 아닌 경제전쟁이라는 주장이 제기되었다. 스파르타의 왕비 헬레네와 트로이의 둘째 왕자 파리스의 연애가 전쟁의 원인이며, 통행세 징수에 있다고 분석하는 주장이 제기되어 이채롭다. 목마를 앞세워 트로이 성을 불태운 전쟁의 원인이 순전히 경제적인 것이었다는 주장은 다음과 같다.

그리스는 올리브와 포도나무 이외에는 별다른 농작물을 기를 수 없었던 척박한 땅이다. 밀과 보리 등 다양한 곡식과 옷감, 무기를 만들 주석과 철 등을 얻는 방법은 해상무역과 전쟁뿐이라는 것이다. 그런데 흑해로 가는 입구에 자리 잡은 토로이인들이 통행세를 징수하고 약탈을 자행하자 전쟁이 불가피해졌다는 것이다.

참고문헌

김민구(2008), 경제상식사전, 길벗
김정미 역(2007), 100세 혁명, 부광출판사
데일 카네기 명저 세트, 리베르
동부증권(2009), 한권으로 끝내는 트랜디 경제용어
레빗 S. 외, 안진환 옮김(2005), 괴짜경제학, 웅진지식하우스
마쓰시다 고노스케, 일과 인생의 지혜 세트, 청림
맨큐, N. G., 김경환 외 옮김(1997), 자본주의의 미래, 고려원
미다스데커스 저(2005), 시간의 이빨, 영림카디널(주)
박산호 역(2011), 존로빈슨의 100세 혁명, 시공사
사기열전 패키지, 민음사
안국진(2009), 경제학길잡이
이무석 교수의 마음 스테디 셀러 세트, 비전과 리더십
이요섭(2009), 금융시장과 금융상품, 연암사
이토모노시게(2004), 비즈니스경제학
장대환(2004), Knowledge Driver, 매일경제신문사
장순욱(2008), 푼돈의 경제학, 살림
최동수 외(2003), 인터넷 시대를 위한 디지털경제
크루그먼, P., 외, 김재영 외 옮김(2008), 크루그먼의 경제학입문, 시그마프레스
하포드, T., 이진원 옮김(2008), 경제학콘서트 2, 웅진지식하우스
한국은행(2005), 알기쉬운 경제이야기
한국은행(2008), 경제통계연보
한국은행(2009), 금융생활길라잡이
한진수(2003), 쉽게 알자 경제지식, 더난출판
화폐전쟁 세트, 랜덤하우스

허영만의 꼴 완간 세트, 위즈덤하우스

Alesina, A. et al., *The Size of Nations*, The MIT Press, 2003.

Baumol, W.J., *The Free-Market Innovation Machine*, Princeton University Press, 2002.

Blanchard, O.(2011), *Macroeconomics*, Third ed., Prentice-Hall.

Michael Parkin(2011), *Economics*, Tenth ed., Pearson.

Varian Hal, R.(2011), *Microeconomic Analysis*, Third ed., Norton & Company.

찾아보기

[국문]

ㄱ

[영문]

A

B

C

D

E

F

G

H

I

M

N

O

P

R

S

T

U

V

| 저자소개 |

이호섭

저자는 충청남도 대천에서 태어나 장교(ROTC 18기)로 병역의무를 마친 후, 삼성그룹 공채(23기)로 삼성생명보험(주)에 입사하여 재무, 금융, 영업부서의 부서장, 지역단장 등을 두루 거치고, 중견 · 소기업 전담채널인 GFC(Group Finance Consultant) 사업부 사업부장을 끝으로 25년여의 직장생활을 마감하였다. 현재는 (주)삼성라이프 목동법인을 창업하여 생애 재무설계 컨설팅에 주력을 하고 있으며. 경제학 박사학위를 취득하고, 대림대학교 세무회계학과 교수로 재직하면서 경제학 강의와 연구를 담당하고 있다.

술술~풀리는 이야기, 經濟학 樂서

2012년 6월 20일 1판 1쇄 인쇄
2012년 6월 25일 1판 1쇄 발행

저 자 | 이호섭
발행인 | 이수영
발행처 | 도서출판 청람
서울시 마포구 독막로 288(대흥동, 세양상가 109호)
전 화 | 02)3272-2601~2
팩 스 | 02)3272-2603
이메일 | crbooks@hanmail.net
홈페이지 | www.crbooks.co.kr
등 록 | 2000년 8월 26일 제6-0509호

ISBN 978-89-5972-278-5 93320 [정가 19,000원]